AF657794

प्राचीन मान्यताओं को या तो श्रद्धावश स्वीकार कर लिया जाता है या उस श्रद्धा को अंधविश्वास कहकर अपनी प्रगतिशीलता का परिचय दिया जाता है। ये दोनों स्थितियां प्रगति के मार्ग में बाधक हैं।

यह पुस्तक अलौकिक समझे जाने वाले विषयों पर पुनर्विचार करने के लिए प्रेरित करती है तथा मानव मन की थाह पाने के नये सूत्र प्रस्तुत करती है।

दयानन्द वर्मा रचित
कुछ अन्य पुस्तकें

कलजुगी उपनिषद : विचारोत्तेजक पुरस्कृत उपन्यास

जिंदाबाद मुर्दाबाद : मनोवैज्ञानिक उपन्यास

मानसिक समस्याएं और हम : मनोवैज्ञानिक लेखों का संकलन

यौन व्यवहार अनुशीलन : काम मनोविज्ञान

कामभाव की नयी व्याख्या : काम मनोविज्ञान

पश्चिम के तीन रंग : यूरोपीय देशों का रोचक यात्रा विवरण, पुरस्कृत

श्रीमद्‌भगवद्‌गीता : आधुनिक व्याख्या, प्राचीन मनोविज्ञान

ध्यान योग : कुछ सरल विधियां : प्राचीन मनोविज्ञान

दयानंद वर्मा

रचित

ब्रह्मज्ञान का यथार्थ

तथा

अन्य विचारोत्तेजक लेख

डायमंड पॉकेट बुक्स

ISBN 81-288-649-1

प्रकाशक : डायमंड पॉकेट बुक्स (प्रा.) लि.
X-30, ओखला इन्डस्ट्रियल एरिया, फेज-2,
नई दिल्ली–110020
फोन : 011–51611861
फैक्स : 011–26386124
E-mail : sales@diamondpublication.com
Website : www.diamondpublication.com

वर्ष : 2004
मूल्य : 50/–
टाइप सैटिंग : आर.एस. प्रिंट्स, नई दिल्ली
मुद्रक : आदर्श प्रिंटर्स, शाहदरा

BRHAM GYAN KA YATHARTH (ESSAYS)
by **Verma, Dayanand** **Rs. 50/-**

जयशंकर प्रसाद
रचित
कामायनी
के 'कर्म' सर्ग के इस पद्य से
इस पुस्तक का आरंभ करता हूं

बन जाता सिद्धांत प्रथम
फिर पुष्टि हुआ करती है।
बुद्धि उसी ऋण को सब से ले
सदा भरा करती है।

– दयानंद वर्मा

लेख क्रम

भूमिका

प्राचीन मान्यताओं तथा रीति-रिवाजों को या तो समझे बिना श्रद्धावश स्वीकार किया जाता है अथवा उस श्रद्धा को अंधविश्वास कहकर अपनी प्रगतिशीलता का परिचय दिया जाता है। ये दोनों अवस्थाएं यथार्थ को समझने के मार्ग में बाधक हैं।

मैंने अपने अध्ययन मनन से पाया है कि प्राचीन विद्याओं का तात्पर्य समझने के लिए दो बाधाएं सामने आती हैं। पहली यह कि पुराने समय में प्रचलित मुहावरे आज प्रचलित नहीं हैं। दूसरी यह कि हर विषय, हर कार्य क्षेत्र के अपने तकनीकी शब्द होते हैं, जो अन्य कार्य क्षेत्र के व्यक्तियों की समझ में नहीं आते।

उदाहरण के लिए मैं पिछले सप्ताह में प्रकाशित समाचार पत्रों के कुछ शीर्षक यहां प्रस्तुत करता हूं, साथ ही उनका विश्लेषण भी :–

पत्र के प्रथम पृष्ठ पर लिखा है, **व्हाइट हाउस ने इस्लामाबाद को सचेत किया कि** .... यहां व्हाइट हाउस का अर्थ है अमरीका का राष्ट्रपति और इस्लामाबाद का अर्थ है 'पाकिस्तान की सरकार'।

एक अन्य पृष्ठ पर छपा है, **'राजस्थान में हाथी ने कमल**

को कुचलने के लिए हाथ से हाथ मिलाया।' यहां संदर्भ है राजस्थान में होने वाला चुनाव। यहां हाथी का अर्थ 'बसपा' और कमल का अर्थ है 'भाजपा' तथा वाक्य में आए पहले हाथ का अर्थ है 'कांग्रेस' और दूसरे हाथ का अर्थ है पारस्परिक सहयोग। इस व्यंजनात्मक शैली के वाक्य का सामान्य अर्थ यह है कि भारतीय जनता पार्टी को हराने के लिए बहुजन समाज पार्टी ने कांग्रेस को सहयोग देना और लेना स्वीकार किया।

पत्र के खेल संबंधी पृष्ठ पर छपा है, '**बंगाल टाइगर कंगारुओं भारी**'। यहां संदर्भ क्रिकेट के खेल का है। बंगाल टाइगर से आशय सौरभ गांगुली है और कंगारू का अर्थ है आस्ट्रेलिया की क्रिकेट टीम।

व्यापार संबंधी पृष्ठ के कुछ शीर्षक देखिए : **सोना चमका, चांदी सुस्त, हल्दी लुढ़की, चना तेज़।** इन वाक्यों में प्रयुक्त 'चमका', 'सुस्त', 'लुढ़की', 'तेज़' के अर्थ यदि शब्दकोश में देखेंगे तो कुछ पल्ले नहीं पड़ेगा। इस व्यापार में रचा सामान्य सा व्यक्ति उनके अर्थ समझा देगा।

यदि आज से हजार वर्ष बाद, किसी को ये समाचार पत्र मिलेंगे तो वह उनका अर्थ क्या समझेगा ? शायद वैसा, जैसे हम पुराणों और शास्त्रों का अर्थ आज समझ रहे हैं।

अब तनिक समाचार पत्रों से बाहर निकलते हैं।

मेरे देखते-देखते पचास वर्ष में जो परिवर्तन हुए हैं, उनके कुछ उदाहरण :–

नयी दिल्ली के 'कर्ज़न रोड' का नाम 'कस्तूरबा गांधी मार्ग' हो गया लेकिन उस रोड पर बनी बैरेक्स का नाम 'कर्जन रोड बैरेक्स' बना रहा। मील की जगह किलोमीटर प्रचलित हो गया किंतु बोलचाल में माइल परिवार का शब्द 'माइलेज' बना रहा, वह यों कि किसी व्यक्ति से गाड़ी में पैट्रोल की खपत पूछने के लिए यह नहीं कहा जाता कि आपकी कार या मोटर-साइकिल प्रति किलोमीटर कितना पैट्रोल लेती है। यह पूछने के लिए संक्षिप्त वाक्य है, "गाड़ी कितना माईलेज देती है।" ऐसा ही सड़क नापने के लिए 'माइल स्टोन' आज भी प्रचलित है "किलोमीटर स्टोन" कोई नहीं कहता जबकि माइल स्टोन पर किलोमीटर के अनुसार नाप लिखा रहता है।

इसी दशक में शब्दों के घिसने के कुछ उदाहरण : रैफ्रिजरेटर 'फ्रिज' हो गया है। टेलीविजन 'टी. वी', सेलुलर फोन 'सेल', इंडियन नेशनल कांग्रेस 'कांग्रेस' बहुजन समाज पार्टी 'बसपा', भारतीय जनता पार्टी 'भाजपा' आदि। इंग्लिश तथा हिंदी के ये शब्द तथा उनके लघु रूप हिन्दी में स्वीकार कर लिए गए हैं।

इस प्रकार के परिवर्तन हर युग में, हर कार्यक्षेत्र में होते रहते हैं, जिनका अर्थ समझने के लिए शब्दकोश सहायता नहीं देते। फलस्वरूप प्राचीन मुहावरों में आलंकारिक भाषा में कही गयी घटनाओं को अलौकिक मान लिया जाता है और उनकी सत्यता की छानबीन करने की बजाय उन्हें श्रद्धावश स्वीकार कर लिया जाता है अथवा उन्हें 'ढकोसला' कह कर छुट्टी पा ली जाती है।

एक और विषय है **मन, मस्तिष्क और ब्रह्मांड** का। उनके विषय में जितना जान लिया गया है, उससे आगे का और अधिक जानने योग्य रह गया है।

ऐसे ही कुछ विषयों की गहराई में जाने का मैंने यत्न किया है। ज्ञान के अथाह सागर में से मेरी छोटी सी अंजुली में जितना समा सका है, इस पुस्तक के लेखों में प्रस्तुत है।

यदि ये लेख प्रबुद्ध जनों को कुछ सोचने के लिए प्रेरित कर सकें तो इनके लिखे जाने का प्रयोजन पूरा हो जाएगा।

डब्ल्यू–21, ग्रेटर कैलाश, पार्ट– 1 —**दयानंद वर्मा**
नयी दिल्ली – 110048

ब्रह्मज्ञान का यथार्थ

प्राचीन भारतीय दर्शनों में 'ब्रह्म' शब्द लंबी चर्चा का विषय रहा है। अलग-अलग काल खंडों में उस समय के सम्प्रदायों ने 'ब्रह्म' शब्द के साथ नये नये विशेषण जोड़े। जैसे शब्द-ब्रह्म, अन्न-ब्रह्म, सगुण-ब्रह्म, निर्गुण-ब्रह्म इत्यादि।

व्यापक ब्रह्म को वर्णन की सीमा से बाहर मानते हुए इस प्रकार भी उसकी विशेषता कही गयी, जैसे, ब्रह्म जो अद्वैत है, अर्थात् जो दो में विभाजित नहीं है, जो अल्प नहीं है, जो नाशवान नहीं है इत्यादि।

इन सब चर्चाओं में ब्रह्म के जिस स्वरूप को अधिकतर पक्षों द्वारा स्वीकार किया गया, वह है, कि ब्रह्म अनंत है, वह सबसे बड़ा है, वह सबसे महान हैं, उसमें **सृष्टि** (जन्म) **स्थिति** (निरंतरता) और **प्रलय** (मृत्यु) की सभी संभावनाएं समायी हुई हैं।

भगवद्गीता के ग्यारहवें अध्याय में श्रीकृष्ण ने अर्जुन को जो विराट् रूप दिखाया था, वह ब्रह्म की विशालता का प्रतीक था। दिखाने से तात्पर्य भली-भांति समझाना है कि व्यापक ब्रह्म में मनोरम और भयंकर सभी कुछ समाविष्ट है। ग्यारहवें अध्याय को इसलिए 'विश्व रूप दर्शन' नाम दिया गया था।

प्राचीन समय में व्यापक ब्रह्म के अलग-अलग पक्षों पर विचार

करने वाले मनीषियों को सामान्य जन **ब्रह्मज्ञानी** कहते थे। बाद में 'ब्रह्मज्ञान' को धार्मिक विषयों तक सीमित कर लिया गया जो कि असीम की चर्चा को सीमित करने का प्रयास था। **इस स्थिति को देखते हुए हम आगे ब्रह्मज्ञानी शब्द की बजाय 'ब्रह्म वेत्ता' शब्द का प्रयोग करेंगे।**

ब्रह्म से आशय है संपूर्ण ब्रह्मांड। हमारी पृथ्वी सहित हमारा सौर मंडल इस विशाल ब्रह्मांड का एक छोटा सा भाग है। इस पृथ्वी पर विचरण करने वाला मनुष्य इस ब्रह्मांड का एक अंश है। यह इसलिए कि मानव में सभी खनिज-द्रव्य और पदार्थ न्यून या अधिक मात्रा में विद्यमान हैं जो हमारे सौर मंडल के अन्य ग्रह नक्षत्रों में भी हैं। इन सभी द्रव्यों की आवश्यकता से कम या आवश्यकता से अधिक मात्रा मनुष्य के रोगों का कारण बनती है। इस असंतुलन को संतुलित करने की दिशा में किये जाने वाले प्रयत्नों के फलस्वरूप **आयुर्वेद** का जन्म हुआ है।

हमारे सौर मंडल के ग्रह नक्षत्रों की गति का मानव के मन, मस्तिष्क और शरीर पर प्रभाव होता है, इस खोज के आधार पर **ज्योतिष** के फलित पक्ष का जन्म हुआ है।

ब्रह्मांड के विषय में आधुनिक वैज्ञानिकों का कहना है कि यह निरंतर फैलता है। एक सीमा तक फैलने के बाद इसके सिकुड़ने की प्रक्रिया आरंभ हो जाती है। सिकुड़ने के उपरांत ब्रह्मांड पुनः फैलने लगता है। ब्रह्मांड के विस्तार और संकोचन के मध्य का समय हमारे कैलेंडर के अनुसार खरबों वर्ष से अधिक का होता है।

ब्रह्मांड के संकोच से विस्तार और विस्तार से संकोच की प्रक्रिया रुकती नहीं है। मानव क्योंकि ब्रह्मांड का एक अंश है, इसलिए मानव द्वारा निर्मित सामाजिक नियमों में एक अति से दूसरी अति तक जाने की यात्रा भी ब्रह्मांड की गतिशीलता जैसी होती है। **मानव तथा मानव निर्मित समाज की इस प्रकृति को समझने वाला व्यक्ति ही वास्तव में ब्रह्मवेत्ता कहलाने के योग्य होता है।**

ब्रह्मवेत्ता अपने अनुभव और अध्ययन के बल पर यह भी जानता है कि अलग अलग भूखंडों में बसने वाले मानव समाज और अलग-अलग प्रकार के जलवायु को झेलने वाले मानव समाज के सभी सदस्यों का स्वभाव और आवश्कताएं एक जैसी नहीं होतीं। हर व्यक्ति का वातावरण और हर व्यक्ति की मानसिकता और शारीरिक अवस्था अलग-अलग प्रकार की होती है। इसलिए उसके जीवन व्यतीत करने के नियम भी अलग-अलग होते हैं। ऐसे विविधता-मय समाज को किसी एक नियम, किसी एक धार्मिक पुस्तक के माध्यम से रोकने का यत्न करना मानो क्लाक के पेंडुलम को बलपूर्वक रोकने का यत्न करना है। इसलिए ब्रह्मवेत्ता किसी एक नियम या एक पुस्तक द्वारा समाज को चलाने का आग्रह नही करता।

ब्रह्मवेत्ता के सामने भूतकाल, वर्तमान और भविष्य के मध्य कोई सीमा रेखा नहीं होती। इसलिए वह **त्रिकालदर्शी** कहलाने का पात्र होता है। वह यों भी कि वर्तमान की घटनाओं को **तटस्थ भाव** से देखने से वह भूतकाल की घटनाओं का आकलन कर

सकता है और भविष्य में होने वाली घटनाओं का आभास पा सकता है। वह जानता है कि वह आज जो फल खा रहा है, उसका बीज भूतकाल में बोया गया था और जो बीज आज बोया जा रहा है, उसका फल भविष्य में उपजेगा।

तटस्थ भाव का उदाहरण हम टेस्ट ट्यूब (Test Tube) के उदाहरण से देना चाहते हैं। वैज्ञानिक परीक्षणों के प्रयोग में काम आने वाले टेस्ट ट्यूबों में पड़े द्रव्यों को ताप या शीत पहुंचाने से द्रव्यों में परिवर्तन होता है, टेस्ट ट्यूब निरपेक्ष रहता है। ब्रह्मवेत्ता का मन, मस्तिष्क भी उस टेस्ट ट्यूब जैसा होता है। वह अपने आस पास होने वाली क्रियाओं और घटनाओं से उद्वेलित नहीं होता बल्कि अपने भीतर उठने वाले काम, क्रोध, लोभ, मोह , अहंकार, मित्रता, शत्रुता आदि भावों और विचारों में वह डूबता नहीं है, बल्कि जोश में होश बनाए रखता है।

दूसरों के मन के भावों और विचारों को ब्रह्मवेत्ता अपने मन रूपी तराजू में तोलता है जैसे वे उसके मन मस्तिष्क में उठ रहे हों। इसके विपरीत स्थिति में वह अपने मन मस्तिष्क में उठने वाले भाव और विचारों को इस प्रकार देखता है जैसे वे दूसरे के मन मस्तिष्क में उठ रहे हैं। **ऐसा ब्रह्मवेत्ता अंतर्यामी हो जाता है।**

अपने मन मस्तिष्क से तराजू जैसा कार्य निरंतर लेते रहने से ब्रह्मवेत्ता, मानव की मुख्य इच्छाएं जानने समझने में समर्थ हो जाता है। इन इच्छाओं को आधुनिक मनोविज्ञान में **मूल प्रवृत्तियां** (Instincts) कहा गया है।

मानव-प्रकृति का सूक्ष्म अध्ययन व्यापक ब्रह्म के एक पक्ष का दर्शन है। ब्रह्म के अनेक पक्ष हैं। इन पक्षों को जानना भी ब्रह्मज्ञान के अतंर्गत है। इन पक्षों में से कुछेक का विवरण प्रस्तुत है।

वृक्षों और पौधों को उगते, पकते और मरते देखकर पुराने समय में **जैन तीर्थंकरों और मुनियों ने** उनमें प्राण का दर्शन किया और वृक्षों, लताओं से फल-फूलों को तोड़ने को हिंसा का रूप माना। वे तीर्थंकर ब्रह्म के विशेष पक्ष के द्रष्टा होने के कारण ब्रह्मवेत्ता थे।

इस युग के भारतीय विज्ञानी जगदीशचंद्र बसु ने वैज्ञानिक परीक्षणों से तीर्थंकरों के निष्कर्षों को सिद्ध किया है कि वे पौधे अनुकूल परिस्थिति में प्रसन्न होते हैं और प्रतिकूल स्थिति में दुःखी होते हैं। **बसु महोदय भी ब्रह्मवेत्ता कहलाने के पात्र थे।**

आकाश में विचरण करने वाले सूरज, चांद, सितारों की गति को सभी लोग देखते हैं किंतु इन लोगों में **आर्य भट्ट** का नाम हम आदर से लेते हैं। छठी शताब्दी में आर्य भट्ट ने ग्रह नक्षत्रों की गति का सूक्ष्म अध्ययन करके बीज गणित (Algebra) द्वारा खगोल विद्या (Astronomy) के सिद्धांत स्थापित किए। आर्य भट्ट के समकालीन **वराह मिहिर** ने उन ग्रह नक्षत्रों द्वारा मनुष्य पर पड़ने वाले प्रभाव का अध्ययन किया ओर फलित ज्योतिष के सिद्धांत स्थापित किए। वे सब अपने-अपने कार्यक्षेत्र के ब्रह्मवेत्ता थे।

भारत से बाहर नज़र डालते हैं तो ब्रह्म के अन्य पक्षों के अध्येता के रूप में **आईन्स्टाइन** का नाम सामने आता है। उन्होंने सूक्ष्मतम

अणु (एटम) के विस्फोट से अपार शक्ति उपजने की कल्पना की और इस कल्पना को अपने आविष्कारों से साकार भी किया।

चार्ल्स डारविन ने प्राणी विज्ञान के क्षेत्र में सूक्ष्म अध्ययन करके आदि-जीव से मानव के विकास की प्रक्रिया सिद्ध की।

आज के मशीनी मानव '**रोबोट**' का नाम हम सब जानते हैं। इस रोबोट की कल्पना चैकोस्लोवाकिया के नाटककार **कैरेल चैपक** (1890-1938) ने अपने नाटक 'रोसुमज यूनिवर्सल रोबोज' में प्रस्तुत की थी। 'रोबो' या 'रोबोट' शब्द उसी 'रोबोज' का रूपान्तर है।

ये सब विचारक व्यापक ब्रह्म के अलग-अलग पक्षों के **द्रष्टा** होने के कारण 'ब्रह्मवेत्ता' कहे जाने के पात्र हैं।

यहां दर्शक और द्रष्टा का अंतर समझना आवश्यक है। दर्शक प्रकट को देखता है जबकि द्रष्टा प्रकट की पृष्ठभूमि में छिपे अप्रकट को अपनी कल्पना शक्ति द्वारा देख लेता है यही कारण है कि हमारे मनीषियों ने वेद की ऋचाओं और वेद मंत्रों के रचियताओं को द्रष्टा कहा है। इन मंत्रों और ऋचाओं में आध्यात्मिक ज्ञान के साथ भौतिक ज्ञान भी है। अतः ब्रह्मज्ञान को केवल आध्यात्मिक ज्ञान तक सीमित रखना असीम को सीमित बनाना है।

❐

कर्मकांड : नये, पुराने

पिछले दिनों एक फोन मिला। दूसरी ओर से कोई कह रहा था, 'हमने आपकी लिखी हुई 'श्रीमद्भगवद्गीता : आधुनिक व्याख्या' पढ़ी है। उसमें गीता पाठ की विधि नहीं लिखी। क्या आप पाठ विधि बताएंगे ?

मैं सोचने लगा कि इस प्रश्न का क्या उत्तर दूं। मेरी समझ के अनुसार किसी भी पुस्तक को पढ़ने के लिए एकांत का अवसर मिले तो अच्छा है। उसे मन लगा कर सूझ-बूझ के साथ पढ़ा जाना चाहिए। मैंने प्रश्नकर्ता महोदय को यही विधि बताई, किंतु वह मेरे उत्तर से संतुष्ट नहीं हुए। वह मुझसे कोई ऐसी विधि जानना चाहते थे जिसमें रोली, चंदन, तिल, तेल, चावल, नारियल जैसी सामग्री की जरूरत पड़ती हो। जिसमें किसी अनुष्ठान, कर्मकांड का आयोजन होता हो।

उस समय मुझे लगा कि प्रश्नकर्ता रूढ़ी से ग्रस्त है। वह पेड़ की जड़ को छोड़कर पत्तों को सींचना चाहता है।

ज्यों-ज्यों समय बीतता गया, मैं अपने आस-पास होने वाली घटनाओं को, आयोजनों को तटस्थ भाव से देखता रहा, मुझे लगा कि मैं व्यर्थ ही प्रश्नकर्ता महोदय के बारे में नकारात्मक मत रख रहा था क्योंकि में देख रहा था कि अनुष्ठान और आयोजन हमारे समाज में पूरी तरह समाए हुए हैं। हां, इतना अवश्य होता है कि

जिस अनुष्ठान को हम स्वयं करते हैं, उसे उचित मानते हैं, अन्य धर्म, सम्प्रदाय के अनुष्ठानों को रूढ़ीग्रस्त या अंधविश्वास कहते हैं।

उदाहरणतः श्राद्ध के समय पितरों का तर्पण करके ब्राह्मणों को भोज़न कराना प्रगतिशील समाज में अंधविश्वास लगता है किंतु अपने या अपने बच्चों के जन्मदिन के अवसर पर केक पर गिन कर मोमबत्तियां जलाना, फिर उन बत्तियों को फूंक मारकर बुझाना या किसी अन्य शुभ अवसर पर शेम्पैन के कार्क को पटाखे की तरह उड़ाकर उससे निकली फुहार से अपने तन को सराबोर करना, प्रगतिशीलता का कार्य लगता है।

परम्परा पर आधारित कर्मकांडों का आयोजन हम आज कर रहे हैं। उदाहरणतः दीवाली पर लक्ष्मी पूजन करते समय हम दीप प्रज्वलित करते हैं। पूजा से पहले देवताओं का आह्वान करते हैं। पूजन के समापन पर देवताओं का विसर्जन (विदा) करते हैं। इस अनुष्ठान का आरंभिक रूप कब, कैसा रहा होगा, यह हम नहीं जानते किंतु यदि हम आज के आधुनिक अनुष्ठानों पर नज़र डालें तो पुराने कर्मकांडों के वास्तविक रूप का हम आभास पा सकते हैं।

आधुनिक अनुष्ठानों में एक है भारत का 'स्वतंत्रता दिवस', दूसरा है 'गणतंत्र दिवस'।

हर वर्ष 15 अगस्त को दिल्ली के लाल किले की प्राचीर पर भारत के प्रधान मंत्री राष्ट्रीय झंडा फहराते हैं। झंडे को फहराते

समय इक्कीस तोपें दाग़ी जाती हैं। इस क्रिया को तोपों द्वारा झंडे को सलामी देना कहा जाता है।

इस कर्मकांड की नींव 15 अगस्त 1947 को पड़ी थी, जिस दिन भारत अंग्रेजों की दासता से मुक्त हुआ था। उस समय भारत के प्रधान मंत्री जवाहर लाल नेहरू थे। उन्होंने दिल्ली के लाल किले की प्राचीर पर खड़े होकर भारत का राष्ट्रीय ध्वज इस विधि द्वारा लहराया था।

26 जनवरी 1950 को भारत का नया संविधान लागू हुआ था। उस दिन को 'गणतंत्र दिवस' घोषित किया गया। गणतंत्र दिवस का मुख्य आयोजन-स्थल राजपथ है। इस आयोजन-स्थल पर भारत के राष्ट्रपति आठ घोड़ों की बग्घी पर बैठकर आते। उनकी बग्घी के आगे पीछे, घुड़ सवार अंगरक्षकों के दस्ते होते। आयोजन स्थल पर खड़े होकर राष्ट्रपति सेना के तीनों अंगों के जवानों की सलामी लेते। यह परंपरा आज तक जारी है। आतंकवाद के कारण अब बग्घी का स्थान बुलेट-प्रूफ कार ने ले लिया है। इस कार के आगे पीछे अंगरक्षकों के घुड़सवार दस्ते आज भी चलते हैं।

इस परंपरा के रहते स्वाधीनता दिवस के मुख्य अतिथि प्रधान मंत्री होते हैं और गणतंत्र दिवस के मुख्य अतिथि भारत के राष्ट्रपति। हर गणतंत्र दिवस पर राष्ट्रपति अपने आसन पर आसीन होते हैं, प्रधान मंत्री इंडिया गेट पर प्रज्वलित अमर जवान ज्योति पर मृतक सैनिकों के सम्मान में श्रद्धा सुमन चढ़ाते हैं।

ज्योति स्थल तक श्रद्धा सुमनों का भारी चक्र प्रधान मंत्री के आगे चलते हुए दो सैनिक उठाते हैं। ज्योति स्थल तक पहुंच कर प्रधान मंत्री चक्र को स्पर्श कर देते हैं। सैनिक उस चक्र को ज्योति

के निकट आदर से रख देते हैं। प्रधान मंत्री द्वारा पुष्पांजलि चक्र को स्पर्श करने से समझ लिया जाता है कि प्रधान मंत्री ने मृतक सैनिकों के सम्मान में पुष्पांजली अर्पित कर दी है। यह एक प्रकार का कर्मकांड है जैसे दान करते समय कोई अंजुली में जल भर कर संकल्प करके जल को छोड़ दे।

गणतंत्र दिवस के ठीक तीन दिन बाद 29 जनवरी को 'बीटिंग द रिट्रीट का आयोजन नयी दिल्ली के 'विजय चौक' पर होता है। इस दिन की ताम-झाम देखकर मुझे लगता है। कि 26 जनवरी देवताओं के आह्वान के समय जैसा है और 29 जनवरी उनकी विदाई या विसर्जन जैसा है।

वीर सैनिकों की अंत्येष्ठी के समय बंदूक को उल्टा करके बैंड पर शोक धुन बजाना, किसी राष्ट्राध्यक्ष के निधन पर राष्ट्र भर के झंडे झुकाना या ओलंपिक खेलों की मशाल को तेज़ धावकों द्वारा पुराने ओलंपिक स्थल से नये ओलंपिक स्थल तक लाना, कर्मकांड के अलग-अलग प्रकार हैं।

कर्मकांड के अन्य आयोजनों को गिनाने लगें तो पुस्तक का **लोकार्पण** या **ग्रंथि विमोचन** समारोह, पुल या भवन का **शिलान्यास** याद आता है। इन अवसरों पर दीप प्रज्वलित करना या कैंची से रिबन काटना या नाम पट्ट पर लटके पर्दे को हटाना आदि आधुनिक कर्मकांडों के सिवा क्या है?

ग़ालिब का एक शेर है :

एक हंगामें पे माक़ूफ़ है घर की रौनक़।
नोहः ए ग़म ही सही, नग़्मा ए शादी न सही।

अर्थात् घर की रौनक किसी भीड़ भाड़ वाले आयोजन पर आधारित होती है। विवाह संगीत का अवसर न हो तो दुख भरा विलाप ही आयोजन का कारण बन सकता है।

अनुष्ठान प्रेमी समाज को आयोजन रचाने के लिए किसी आधार की जरूरत रहती है। हर्ष मनाने, दुःखी होने, श्रद्धा उत्पन्न करने या घृणा फैलाने के लिए आधार तो चाहिए। वह आधार कोई जन्म तिथि, पुण्य तिथि, कोई व्यक्ति, कोई स्थान, कोई वस्तु बन जाती है। ऐसा आधार जो निश्चित हो, स्थिर हो, उस आधार के इर्द-गिर्द कोई सीमा होनी आवश्यक है, वह सीमा समय की हो, तिथि की हो या स्थान की हो, इत्यादि।

अग्नि के गिर्द **सात फेरे** लगाने से हिंदुओं के एक वर्ग का जिस प्रकार विवाह संपन्न होता है, उसी प्रकार राजकाज में **शपथ ग्रहण समारोह** के साथ किसी पद की नियुक्ति की संपुष्टि होती है। चाहे वह पद राष्ट्रपति का हो, मंत्री का हो या मुख्य न्यायाधीश का। यह शपथ ग्रहण समारोह पुराने समय के **राजतिलक** का आधुनिक विकल्प है।

हम उस क्षण की सीमा नहीं निश्चित कर सकते, कि किशोर किस क्षण युवा हुआ, किंतु समाज के लिए उस क्षण का ज्ञान पाना आवश्यक है कि व्यक्ति कब वयस्क हुआ। कैलेंडर स्थिर आधार है जिसके अनुसार 18 वर्ष की आयु में व्यक्ति वयस्क होता है। वोट, कोर्ट आदि के काम में पात्रता कैलेंडर के आधार पर निश्चित् आयु के अनुसार मानी जाती है।

लेकिन आध्यात्मिक कामों में भी समाज के अधिकतर समुदाय किसी तिथि, किसी स्थान आदि को महत्त्व देना आवश्यक मानते हैं। इस आधार पर तीर्थ निश्चित होते हैं; कर्म कांडों, उत्सवों, त्यौहारों के दिन और समय निश्चित होते हैं।

कृष्ण ने अर्जुन को गीता का उपदेश कब दिया, इस आधार पर गीता जयंती की तिथि बनती है, कहां दिया, इसी से वह स्थान तीर्थ बनता है। इस प्रकार अन्य धर्मों में भी कर्मकांड के आधार के लिए कोई बिंदु निश्चित करना आवश्यक होता है। जैसे-ईसा ने किस पहाड़ी पर अपना पहला उपदेश दिया। कपिलवस्तु के राजकुमार सिद्धार्थ को किस क्षण, किस वृक्ष की छाया में आर्य सत्य के दर्शन हुए कि वह 'बुद्ध' हो गए, इत्यादि।

कन्याकुमारी जाने का अवसर मिला। वहां समुद्र में स्थित एक शिला पर विवेकानंद के नाम का स्मारक बना है। कहा जाता है कि स्वामी विवेकानंद को वहां तपस्या से ज्ञान प्राप्त हुआ था।

मेरे विचार से ज्ञान प्राप्ति की प्रक्रिया तो शैशव से शुरू हो जाती है और हर क्षण जारी रहती है लेकिन आयोजन प्रेमी समाज को अपने आयोजन का आधार बनाने के लिए किसी निश्चित सीमा की आवश्यकता होती है। उस आधार और उस सीमा के आस पास समारोह की गतिविधि बुनी जाती है और आयोजकों की सामर्थ्य और उनकी संख्या के आधार पर वे आयोजन व्यापक भी हो सकते हैं और सीमित भी हो सकते हैं।

भविष्य के एक तीर्थ और कर्मकांड की नींव 11 सितम्बर 2001 को हमारे जीवन काल में पड़ी है। उस दिन अमेरिका में न्यूयार्क के '**वर्ल्ड ट्रेड सेंटर**' नामक विश्व विख्यात व्यापारिक केन्द्र से आतताईयां ने विमान टकरा कर दो विशाल इमारतों को ध्वस्त कर दिया था। उस स्थान को खाली कराकर, उसका नाम '**ज़ीरो लैंड**' रखा गया है। इस अवसर पर मरने वालों की याद में उस तिथि और उस समय पर वर्ष पूरा हाने पर मोमबत्तियां जलायी गयीं, घंटियां बजाई गयीं, प्रार्थना समारोह हुए, मौन रखे गये, शोक संगीत बजाए गए। संभावना है कि शताब्दियों बाद वह स्थान 'कर्बला' जैसे तीर्थ का दर्जा प्राप्त कर लेगा और हर वर्ष ग्यारह सितंबर की तिथि शोक समारोह का आधार बन जाएगी।

यदि हम तटस्थ भाव से देखें तो आज की राष्ट्रीय औपचरिकता (Protocol) भविष्य के कर्मकांड (Ritual) की नींव है, और आज के कर्मकांड देखकर भूतकाल की औपचारिकता का हम अनुमान कर सकते हैं। यह कर्मकांड कितने व्यापक होते हैं, यह उनके आयोजकों की संख्या और उनकी सामर्थ्य पर निर्भर होता है।

❑

लक्ष्मी और सरस्वती में बैर कैसा ?

अक्टूबर 2001 की एक शाम। स्थान : इंडिया हैबीटेट सेंटर, नयी दिल्ली का एक सभागार। अवसरः मराठी के प्रसिद्ध नाटककार विजय तेंदुलकर को प्रस्तुत किया जाने वाला 'दूसरा कथा चूड़ामणि' सम्मान।

तेंदुलकर ने सम्मान स्वीकार करते समय अपने उद्‌गार प्रकट करते हुए कहा, 'मुझे शक है कि साहित्य से समाज बदल सकता है। समाज को बदलने वाली ताकतें कुछ और हैं, साहित्य नहीं। (इंडिया टुडे हिन्दी 17 अक्टूबर 2001)

यह उक्ति एक ऐसे सरस्वती पुत्र की है जो नाटक के क्षेत्र में जाना पहचाना नाम है। एक दूसरी उक्ति भी प्रचलित है कि "कलम की ताकत तलवार से ज्यादा है।"

इन दोनों विरोधाभासी उक्तियों के अतिरिक्त एक तीसरी उक्ति भी प्रचलित है कि लक्ष्मी और सरस्वती में बैर है। इन सब का विश्लेषण हम यहां प्रस्तुत कर रहे हैं।

लक्ष्मी से तात्पर्य है: धन, संपत्ति, पद, शासन आदि। व्यापार, उद्योग, संगठन जैसे सभी भौतिक सुख प्राप्ति के साधन लक्ष्मी के अन्तर्गत हैं।

सरस्वती से आशय है : विद्या, बुद्धि, ललित कलाएं आदि।

उनका विस्तार साहित्य, संगीत, मूर्तिकला, चित्रकला तथा वैज्ञानिक खोजों के रूप में प्रकट होता है।

मनोविज्ञान की शब्दावली में **अंतर्मुखी** व्यक्ति सरस्वती पुत्र कहे जा सकते हैं। वे अपने भीतर उभरने वाले विचारों की भीड़ में सुख पाते हैं। अपने तन से बाहर की भीड़ से बचते हैं। **बहिर्मुखी** व्यक्तियों में लक्ष्मी पुत्र बनने की संभावना होती है। वे अपने सुख के साधन अपनी निजता से बाहर खोजते हैं। कोई न कोई आयोजन करके वे अपने आसपास लोगों की भीड़ लगाए रखते हैं।

सामान्तया देखा यह जाता है कि सरस्वती पुत्र धन, संपत्ति आदि भौतिक साधनों से हीन होते हैं और लक्ष्मी पुत्र उन साधनों से सम्पन्न होते हैं। लक्ष्मी और सरस्वती के मध्य बैर जैसे शब्दों का प्रयोग सरस्वती पुत्रों की हीन भावना से उपजा है।

लक्ष्मी पुत्रों की सम्पन्नता और सरस्वती पुत्रों की विपन्नता के कारणों पर विचार करने से हम पाते हैं कि ललित कलाओं के सृजन में तथा विज्ञान संबंधी खोंजो में रस लेने वाला व्यक्ति अपने आप में इतना खो जाता है कि उसे अपने से बाहर के समाज की आवश्यकता नहीं रहती। उस समाज को अपने आसपास जुटाने के लिए वह कोई यत्न नहीं करता, कोई त्याग नहीं करता। इसलिए वह बहुसंख्यक समाज में अजनबी जैसा बना रहता है। अतः वह समाज में अकेला पड़ जाता है।

दूसरी ओर बहिर्मुखी व्यक्ति के लिए समाज एक आवश्यकता है। उस आवश्यकता की पूर्ति के लिए उसे समाज की आवश्यकता

का ध्यान रखना पड़ता है। उस समाज को अपने आसपास बनाए के लिए उसे धन का त्याग भी करना पड़ता है। इससे उसकी जान पहचान का घेरा विस्तृत होता जाता है। अपने जैसे व्यक्तियों के मध्य साधनों के आदान-प्रदान से उसे भौतिक सुविधाएं प्राप्त होती चली जाती हैं। वे सुविधाएं धन के रूप में, पद के रूप में, किसी संगठन के नेतृत्व के रूप में या राजनैतिक शक्ति के रूप में हो सकती हैं।

सरस्वती पुत्र यदि साहित्यकार है, संगीतकार है, चित्रकार है, मूर्तिकार है या वैज्ञानिक है, उसके सृजन व अन्वेषण की एक सीमा होती है। उस सीमा से अधिक वह थोक (Bulk) में सृजन नहीं कर सकता। इसलिए वह अपनी रचना के लिए सीमित धन प्राप्त कर सकता है, जबकि लक्ष्मी पुत्र के कार्य विस्तार की सीमा बाहरी साधनों पर निर्भर होती है। वह अपने धन, पद आदि अन्य भौतिक साधनों द्वारा अनेक सरस्वती पुत्रों के सृजन-फल का व्यापार कर सकता है। वह सृजन-फल किसी वैज्ञानिक आविष्कार का उपकरण बनाना हो सकता है, किसी लेखक की पुस्तक हो सकती है या किसी संगीतकार की रचना का ऑडियो या वीडियो कैसेट हो सकता है। अपने अकूत साधनों द्वारा वह लक्ष्मी पुत्र अपने उद्योग धंधे को फैलाकर, आर्थिक रूप से सरस्वती पुत्रों से अधिक सम्पन्न हो सकता है। अपने साधनों के माध्यम से वह सरस्वती पुत्रों का शोषण भी कर सकता है।

एक संतुलित समाज के लिए लक्ष्मी पुत्रों और सरस्वती पुत्रों की सम्मिलित आवश्यकता होती है। उनमें बराबर का सहयोग

होना चाहिए क्योंकि मनन चिंतन के उपरांत सिद्धांत और नियम स्थापित करने का काम सरस्वती पुत्र कर सकता है और उस सिद्धांत को क्रियान्वित रूप देने का काम लक्ष्मी पुत्र कर सकता है।

इन दोनो पक्षों की उपमा आंख वाले एक लूले और बलिष्ठ अंधे के सहयोग से दी जा सकती है। बलिष्ट अंधे के कंधों पर चढ़कर आंख वाला लूला अपने साथी को दिशा निर्देश देता रहे तो वे दोनों सहयोगी मंजिल तक सुरक्षित पहुंच सकते हैं किंतु ऐसा होता नहीं। बलिष्ठ अंधे द्वारा आंख वाले लूले के शोषण की संभावना अधिक होती है इसलिए समाज में असंतुलन बना रहता है।

'**कलम** की ताकत तलवार से ज्यादा है', इस प्रचलित उक्ति में तनिक परिवर्तन करके मैं कहना चाहता हूं, उस कलम की ताकत ज्यादा है जो तलवार की छत्रछाया में रहती है। उदाहरणत पिछली शताब्दी में आर्थिक सिद्धांत स्थापित करने वाले अनेक विचारक हुए किंतु सामान्य जनों में कार्ल मार्क्स को अधिक प्रसिद्धि मिली। इसका कारण यह है कि सोवियत संघ नामक एक राजनैतिक व्यवस्था ने उसे प्रसिद्धि दी।

तलवार जैसी वह शक्ति किसी बाहुबली की भुजाओं के रूप में हो सकती है, किसी आर्थिक सत्ता के हाथों में हो सकती हैं, वह किसी राजनैतिक व्यवस्था के हाथ में हो सकती है। किसी धार्मिक या साम्प्रदायिक संगठन के हाथ में हो सकती है। इस तलवार का नाम कभी 'मीडिया' हो जाता है, कभी कोई 'अलंकरण' या 'पुरस्कार' हो जाता है। उन सभी प्रकार की तलवारों में से किसी

एक के वरद हस्त पाने वाले बाद में स्वयं लक्ष्मी पुत्र हो सकते हैं और वरद हस्त विहिन सरस्वती पुत्रों का शोषण कर सकते हैं।

जिसके हाथ में किसी प्रकार की तलवार होती है, वह निश्चित करता है कि कौन सा सरस्वती पुत्र जियेगा, कौन सा मरेगा। ऐसे खड्गधारी अगुआ जनों ने अपने समय में ईसा को सूली पर चढ़ाया या सुकरात को विष का प्याला पिलाया।

सूली पर चढ़ाने वालों या विषपान कराने वालों के नाम खो जाते हैं किंतु जिन्हें यातना मिली होती है, वे अमर हो जाते हैं। साथ ही एक यथार्थ यह भी है कि उन्हें अमर बनाने का कारण वे लक्ष्मी पुत्र होते हैं जो उपर्युक्त सरस्वती पुत्रों को यातना मिलते समय मौन रहते हैं, उनके मृतक होने के उपरांत, दिवंगत होनेवाले के पक्ष में उमड़े जनआक्रोश को भुनाने के लिए वे प्रकट हो जाते हैं और किसी न किसी प्रकार से खड्ग धारण करने वाले बनते हैं।

ईसा को सूली पर चढ़ाए जाने के उपरांत उनके नाम पर जिन्होंने एक धार्मिक संगठन बनाया, वे रोम के गैलेलियों की उस खोज को नकारते देखे गये कि पृथ्वी सूर्य के इर्द-गिर्द घूमती है। यह इसलिए कि बाइबिल के प्राचीन नियम में ('उत्पत्ति' नामक खण्ड के पहले अध्याय के 14 से 16सूत्र में) पृथ्वी की उत्पत्ति के उपरांत परमेश्वर ने सूर्य और चांद की सृष्टि की।

ऐसे संगठनों को चलाने वाले किसी नये विचार का विरोध करते हैं, क्योंकि नये विचार के प्रचलन से उनका सिंहासन डोलने लगता है। उन्होंने बाइबिल को प्राचीन भाषा से सरल भाषा में रूपांतरित करने का विरोध किया ताकि अपने लाभ के अनुसार

उसकी व्याख्या करने के लिए उनका वर्चस्व बना रहे।

भारत में रामकथा को जन भाषा में लिखने वाले तुलसीदास को तत्कालीन विद्वद् समाज ने विद्वान नहीं माना। उनके विरोध को देखते हुए तुलसीदास ने रघुनाथ गाथा लिखने का उद्देश्य 'स्वांतः सुखाय' कहा।[1]

तुलसीदास की यह उक्ति उन सभी सरस्वती पुत्रों के लिए प्रकाश की एक किरण जैसी है, जो संगठन विशेष के कारण अपने समय में अज्ञात रहते हैं। उस संगठन के तिरोहित होने पर वे उभरते हैं।

❑

---

1. स्वांतः सुखाय तुलसी रघुनाथ गाथा-
   भाषा निबंध प्रति मंजुल मातनेति ।।

   - रामचरित मानस, बाल कांड- 7

मन की थाह पाने क़े कुछ सूत्र

मनोविज्ञान की एक शाखा ने मानव मन की तुलना सागर में तैरते हुए हिम शैल (Ice Berg) से की है, जिसका 1/10 भाग जल की सतह से बाहर होता है और शेष 9/10 भाग सतह के भीतर होता है। सतह के बाहर दिखाई देने वाले छोटे भाग को चेतन मन कहा गया है और सतह के भीतर के बड़े अदृश्य भाग का नाम अचेतन मन रखा गया है। मानव स्वभाव को जटिल बनाने का कारण यह अचेतन मन कहा जाता है।

प्राचीन भारतीय दर्शनों में पूर्व जन्म के संस्कारों को इस जन्म की क्रियाओं का कारण बताया जाता है।

आज का जींस विज्ञान पूर्वजों के जींस को मानव की मानसिक और शारीरिक अवस्था का महत्त्वपूर्ण कारण मानता है।

मनोविज्ञान व्यक्ति के पारिवारिक, सामाजिक और राजनैतिक वातावरण को मानव के क्रिया-कलापों का दिशा निर्देशक कहता है।

आधुनिक शरीर क्रिया विज्ञान शरीर में स्थित अंतर-स्रावों/ग्रंथियों से रिस कर रक्त में मिलते स्रावों को व्यक्ति की क्रियाओं कारण बताता है

मानव की क्रियाओं के विषय मे बताए गए इन कारणों में से

पूर्व जन्म के संस्कारों को और पारिवारिक, सामाजिक और राजनैतिक कारणों को टेस्ट ट्यूब में सिद्ध नहीं किया जा सकता किंतु जींस को तथा हारमोन आदि अन्तर्स्रावों के प्रभाव को परीक्षणों द्वारा सिद्ध किया जा चुका है।

मनोविज्ञान के मतानुसार नवजात शिशु जन्म के साथ तीन भाव लेकर आता है। वे भाव हैं,- प्रेम, क्रोध और भय।

जिस व्यक्ति से शिशु को सुख मिलता है या जिससे सुख मिलने की आशा होती है, उस व्यक्ति से होने वाले भावात्मक सम्बन्ध का नाम **प्रेम** है।

सुख के मार्ग में बाधा आने से जिस भाव का उदय होता है, उसे **क्रोध** कहते हैं।

सुखद स्थिति के छिन जाने की आशंका से तथा दुःखद स्थिति से बचने से जिस भाव का उदय होता है, उसका नाम **भय** है।

आधुनिक शरीर क्रिया विज्ञान ने मानव मस्तिष्क में स्थित ज्ञानेन्द्रियों और कर्मेन्द्रियों के केन्द्र खोज लिए हैं।

सुप्त भावना (Feeling) को भाव (Emotion) बनाने वाले उत्तेजक स्रावों और उत्तेजना को शांत करने वाले शमनकारी स्रावों को उपजाने वाली ग्रंथियों की भी खोज कर ली गयी है। उत्तेजक स्रावों को हारमोन (Hormone) और शमनकारी स्रावों को कालोन (Chalone) या ट्रैंकुलाज़र (Trangulizer) कहा जाता है। क्रोध प्रेरक

हारमोन का नाम नारएपिनफ्राइन (Norapinephrine) तथा भय या पलायन प्रेरक स्राव का नाम एपिनेफ्राईन (Apinephrine) है।

स्त्री के काम भाव के प्रेरक हारमोनों के संकलन का नाम एस्ट्रोजेन (Estrogen) है तथा पुरुष में काम भाव की सृष्टि करने वाले हारमोनों के मिश्रण को एंड्रोजेन (Androgen) कहते हैं।

इनके अतिरिक्त मानव की क्रियाओं को आवश्यक शक्ति प्रदान करने वाले अन्य स्राव भी रक्त में मिलकर मानव की मानसिक और शारीरिक आवश्यकताओं की पूर्ति करते हैं। जैसे उत्तेजना शांत करके निद्रा लाने वाले स्राव आदि।

उत्तेजनकारी तथा शमनकारी स्रावों के ज्ञान से मानव के भाव संबंधी शारीरिक लक्षणों का पता चलता है किंतु मानव की मानसिक प्रवृत्तियां बताने में शरीर क्रिया विज्ञान असहाय है।

उदाहरणतः मानव को अंतर्मुखी या बहिर्मुखी बनाने वाली व्यवस्था कहां है? उसे कुटिल, विवेकी, भोला भाला, अहंकारी, विनम्र, दयालु, दमनकारी, समर्पणकारी, वाचाल, मौन, प्रतिशोधी, क्षमाशील, कल्पनाशील, निर्माणोन्मुखी, विध्वंसकारी बनाने वाले प्रेरक तत्त्व कौन से हैं?

कई व्यक्ति कट्टर विचारों के होते हैं, कइयों के विचारों में लचक होती है। व्यक्ति को वीर या कायर, क्रूर या दयालु बनाने वाले तत्त्व कौन से हैं।

कई व्यक्तियों मे विश्लेषण करने की क्षमता होती है, कईयों में कर्मठता की मात्रा अधिक होती है। व्यक्तित्व भिन्नता के इस प्रकार

के प्रेरक तत्त्व शरीर में कहां हैं, उनका उत्तर देने में मनोविज्ञान तथा शरीर क्रिया विज्ञान असमर्थ है।

ऐसे प्रश्नों के उत्तर पाने की मेरी जिज्ञासा मुझे हस्त सामुद्रिक विद्या की ओर ले गयी। इस विद्या के प्राचीन भारतीय तथा पश्चिमी विद्वानों के ग्रंथों का अध्ययन करने से तथा उससे प्राप्त ज्ञान का मनोविज्ञान तथा शरीर क्रिया विज्ञान के प्रकाश में मनन करने से मुझे **अचेतन मन** की तह तक जाने के कुछ सूत्र मिले। उन सूत्रों के आधार पर मेरी परिकल्पना (Hyothesis) विकसित हुई। इस परिकल्पना का सार इस प्रकार है--

कलाई से अंगुलियों तक का सारा हाथ मस्तिष्क के कई केन्द्रों, क्षेत्रों का प्रतिनिधित्व करता है। इसके अनुसार प्रत्येक अंगुली का आकार और उसकी विशेषता तथा हथेली के अलग-अलग भाग मानव की अलग-अलग मानसिक शक्तियों तथा शारीरिक क्षमता का परिचय देते हैं। जैसे कर्मठता, तर्क शक्ति, विवेक, व्यवहार-कुशलता, अधिनायकवादी प्रवृत्ति, अहंकार, अंतर्मुखता, बहिर्मुखता, दब्बूपन, दमनकारी प्रवृत्ति, वीरता, धीरता, कट्टरता, कल्पना शक्ति, जीवन शक्ति, प्रेम, सहानुभूति, साहस आदि।

इस परिकल्पना के अनुसार मस्तिष्क के ये केंद्र मानव के क्रियाकलापों को चलाने वाले उपकरणों के समान हैं। शरीर क्रिया विज्ञान में बताए गए उत्तेजक और शमनकारी स्राव उन उपकरणों को क्रियाशील करने के लिए आवश्यक ईंधन उपलब्ध कराते हैं।

विविध विज्ञानों के निष्कर्षों और हस्त सामुद्रिक विद्या सम्बन्धी

अपनी परिकल्पना के मेल से मैं मानव स्वभाव की विविधता के प्रेरक तत्वों के कुछ उदाहरण देना चाहता हूं :-

क्रोध नामक सामान्य भाव का बहिर्मुखी रूप **आवेश** है। विध्वसंकारी मानसिक प्रवृत्ति के मेल से यह भाव **हिंसा** का रूप धारण करता है। निर्माणात्मक प्रवृत्ति के मेल से यही क्रोध **स्पर्द्धा** बन जाता है। क्रोध का अंतर्मुखी रूप **ईर्ष्या** या **द्वेष** है। क्रोध की असहाय अवस्था **झुंझलाहट** है। सामाजिक मूल्यों के अनुसार क्रोध की अभिव्यक्ति **वीरता** कहलाती है। अन्तर्मुखी व्यक्तित्व की वीरता का नाम **धीरता** है तथा इस भाव की कलात्मक अभिव्यक्ति **व्यंग्य लेखन या व्यंग्य चित्रण** के रूप में प्रकट होती है।

अन्य जनों से अपनी अलग पहचान प्रकट करने का भाव '**अस्मिता**' है। अस्मिता का एक प्रकार **आत्म सम्मान** है, दूसरा रूप **अहंकार** है। बहिर्मुखता और संगठन कुशलता के मेल से अहंकार विस्तारवादी हो जाता है, और **अधिनायकवाद** को जन्म देता है। विभिन्न राजनैतिक, औद्योगिक, धार्मिक तथा श्रम संगठन इस अहंकार को अलग-अलग अभिव्यक्तियां देते हैं। कला तथा साहित्य की अलग-अलग धाराएं और वाद भी इसी अहंकार की अभिव्यक्तियां हैं।

रचनात्मक प्रवृत्ति के व्यक्ति में विश्लेषण क्षमता **योजना** के रूप में प्रकट होती है। विध्वंसात्मक प्रकृति की योजना '**षडयंत्र**' नाम पाती है।

जीवन शक्ति (Vitality) में एस्ट्रोजन या एंड्रोजन नामक हारमोनों की मिलावट से **काम भाव** का उदय होता है। काम भाव में हिंसा की पुट से **बलात्कारी प्रवृत्ति** जन्म लेती है।

अंतर्मुखी व्यक्ति जिस स्थिति को **एकांत** कहता है, बहिर्मुखी उसी स्थिति को **अकेलापन** कहता है। 'एकांत' शब्द में पसंद का भाव है। एकाकीपन में शिकायत की गंध है।

बुद्धिमानी नामक सामान्य योग्यता का एक छोर **चालाकी** और **कुटिलता** की और जाता है। दूसरा छोर **विवेक** और **प्रज्ञा** की ओर जाता है।

मानव जैसा जटिल जीव, जो विभिन्न धार्मिक, राजनैतिक, सामाजिक और भौगोलिक सीमाओं में बंटा हुआ है, विभिन्न जींस और विभिन्न अंतःस्रावों के मेल से उसके व्यक्तित्व के कितने प्रकार हो सकते हैं, इसे मैं दो उदाहरणों द्वारा स्पष्ट करना चाहता हूं।

कुछ समय पहले मेरी बेटी ने मुझे हरे रंग की साड़ी भेजी और कहा कि इससे मैचिंग रंग के ब्लाउज़ का कपड़ा लेकर उसे भेज दूं।

मैंने मार्केट में अनेक दूकानों पर जाकर देखा। उस साड़ी के रंग से एकदम मिलते हुए शेड का कपड़ा मुझे न मिला। मैं चकित रह गया कि इंद्र धनुष के सात रंगों में से अकेले हरे रंग के इतने प्रकार हो सकते हैं।

दूसरा उदाहरण **फिंगर प्रिंट्स** से संबंधित है। फिंगर प्रिंट्स के विशेषज्ञ हाथ की अंगुलियों और अंगूठे के ऊपरी पोरूओं पर

बनी आकृतियों को कुल छः वर्गों में बांटते हैं। ब्रिटेन के पुलिस मुख्यालय, स्काटलैंड यार्ड में पिछली कई शताब्दियों के अपराधियों के फिंगर प्रिंट्स के रिकार्ड हैं। विशेषज्ञों को उस रिकार्ड में अंगूठें तथा अंगुली की छाप की एक भी ऐसी आकृति आज तक नहीं मिली जो दूसरे व्यक्ति की अंगुली या अंगूठे की छाप जैसी हो।

इन दो उदाहरणों द्वारा मैंने यह प्रकट किया है कि प्रत्येक मानव का स्वभाव दूसरे से उसी प्रकार भिन्न है जिस प्रकार उसके अंगूठे की छाप की आकृति।

यही कारण है कि मानव नामी इस अनूठे जीव के मन की थाह पाने के लिए जितने अनुशीलन, परीक्षण किए जाते हैं, वे अधूरे सिद्ध होते हैं। फिर भी मानव मन की गहराई नापने के लिए प्रयास जारी रहते हैं। इनमें एक प्रयत्न है हस्त सामुद्रिक विद्या का अध्ययन।

मनोविज्ञान, शरीर क्रिया विज्ञान के साथ हस्त सामुद्रिक विद्या के मिले जुले मेरे अध्ययन और मनन से मेरी यह परिकल्पना पुष्ट हुई है कि अलग-अलग मनोवृत्तियों के प्रेरक केंद्र मस्तिष्क में हैं। मस्तिष्क में कहां हो सकते हैं, इस परिकल्पना का विवरण एक पुस्तक[1] के रूप में प्रकाशित भी हो चुका है।

❐

---

1. इसी लेखक द्वारा रचित पुस्तक का नाम है 'पामिस्ट्री के वैज्ञानिक और व्यावहारिक सूत्र।'

फलित ज्योतिष : कितना वैज्ञानिक ?

घर के बगीचे में नया माली पौधा लगाने लगा तो मेरी पत्नी ने उसे रोक दिया, 'यहां नहीं, वहां लगाओ।'

उसने यह इसलिए कहा क्योंकि वह जानती थी कि इस समय जहां धूप दिखाई दे रही है, अगले माह जब उस पौधे के अंकुर फूटेंगे, धूप का स्थान वहां से बदल कर दूसरी जगह हो जाएगा। मेरी पत्नी की भविष्यवाणी का कारण यह है कि उसने कई वर्षो से मौसम के अनुसार अपने घर में धूप का स्थान बदलते देखा है।

सूर्य का प्रकाश स्पष्ट दिखाई देता है किंतु प्रकाश के कुछ प्रकार हमारी स्थूल आंखों की सीमा से परे हैं। इनमें से कुछ हैं **सूर्य का अल्ट्रा वायलेट किरणें या इन्फ्रा रेड किरणें। इनके अतिरिक्त एक्स रे तथा लेज़र बीम्ज़** भी हैं जिन्हें वैज्ञानिक उपकरणों के माध्यम से सक्रिय किया जा सकता है।

प्रकाश की इन ज्ञात के अतिरिक्त अन्य प्रकार की किरणें भी हो सकती हैं जिन्हें अब तक आधुनिक वैज्ञानिक उपकरणों से सिद्ध नहीं किया जा सका किंतु उनका प्रभाव व्यक्तियों पर, वनस्पतियों पर पड़ता है। फलित ज्योतिष इन अदृश्य किरणों की ओर संकेत करता है और उनका मानव पर होने वाले प्रभाव के विषय में बताता है।

आज का विज्ञान खगोल (Astronomy) तक पहुंचा हैं। आकाश में विचरण करने वाले ग्रह नक्षत्रों की गति और परिक्रमा पथ का अनुशीलन करके उसने तालिकाएं तैयार की हैं। उनके आधार पर अंतरिक्ष यानों का भेजा जाना संभव हो सका है।

सूर्य का हमारी ऋतुओं के परिवर्तन पर तथा हमारी वनस्पतियों पर क्या प्रभाव पड़ता है, यह आधुनिक विज्ञान जान चुका है। चन्द्र की तिथियों का समुद्र के ज्वार भाटे से क्या संबंध है, यह बात भी सिद्ध हो चुकी है। सागर तट के निकट रहने वाले लोग चांद की तिथियों के अनुसार ज्वार भाटे की निश्चित भविष्यवाणी कर सकते हैं।

आधुनिक विज्ञान ने यह खोज भी कर ली है कि तीखी धूप मानव में पिगमैंटशन सैल (Pigmentation Cells) उत्पन्न करती है जिनके कारण उन देशों के निवासियों की आंखों की पुतलियां, बाल और त्वचा श्याम वर्ण की हो जाती है, जहां तीखी धूप पड़ती है। पशुओं पर परीक्षण करके आधुनिक विज्ञान ने यह भी खोज कर ली है कि जिन ऋतुओं में रातें लम्बी होती हैं, उन ऋतुओं में काम भाव उत्पन्न करने वाले हारमोनों को बाधित करने वाले स्राव (Chalone) अधिक स्रवित होते हैं। इससे वे उन ऋतुओं में कम गर्माते हैं। सारांश रूप में, आधुनिक विज्ञान की खोज अधिकतर सूर्य तथा चन्द्र की प्रकाश किरणों तक सीमित रही है। शायद इसलिए कि इन दोनों का प्रकाश प्रकट रूप से दिखाई देता है।

आकाश में विचरण करने वाले अन्य ग्रह नक्षत्रों का प्रकाश मानव के भीतर आंदोलन कर सकता है और उन ग्रह नक्षत्रों के परिक्रमा पथ के अनुसार मानव का भविष्य बताया जा सकता है

इस विषय को अंधविश्वास माना जाता है।

फलित ज्योतिष को अंधविश्वास मानने के पीछे कुछ सीमा तक अवसरवादी ज्योतिषियों का भी हाथ है। वे फलित ज्योतिष के प्रारंभिक ज्ञान '**राशिफल**' को ज्योतिष प्रकट कर रहे हैं। आज लगभग सभी समाचार पत्रों में साप्ताहिक भविष्य फल का कालम छपता है। ऐसा करके मीडिया इस अधूरे ज्ञान को व्यापकता प्रदान कर रहा है।

फलित ज्योतिष कितना विज्ञान सम्मत है, इस विषय पर आने से पहले कुछ द्रव्यों और पदार्थों के गुण धर्म के विषय में ज्ञात तथ्यों का मैं जिक्र करना चाहता हूं।

यह विषय सामान्य ज्ञान के अंतर्गत आ चुका है कि लोहा विद्युत तरंगों का संवाहक (Conductor) है। वह गर्म होकर फैलता है अथवा पिघलता है। ठंडा होकर सिकुड़ता है। चुंबक से आकृष्ट होता है।

तांबा, पीतल आदि धातुएं विद्युत के लिए संवाहक तो हैं किंतु चुंबक से आकृष्ट नही होतीं और स्वयं चुंबक के दो नैगेटिव ध्रुव या दो पाजेटिव ध्रुव एक दूसरे से विकर्षित होते हैं किंतु वे दोनों विपरीत ध्रुव एक दूसरे के प्रति आकृष्ट होते हैं।

दूसरी ओर यह भी सामान्य ज्ञान की सीमा में आ चुका है कि लकड़ी पर चुंबक का प्रभाव नहीं पड़ता। वह आग से पिघलती नहीं, किंतु कोयला बन सकती है। वह विद्युत की कुचालक (Insulater) है।

अन्य ग्रह नक्षत्रों की चर्चा से पहले मैं अपनी पृथ्वी के गर्भ के कुछ ज्ञात तथ्यों के विषय में बताना चाहता हूं कि भूगर्भ शास्त्रियों ने पृथ्वी के तल पर और उसके गर्भ में लोहा, तांबा, कोयला, सोडियम, पोटाशियम आदि द्रव्यों की खोज कर ली है।

आधुनिक चिकित्सा विज्ञान ने मानव शरीर के भीतर के तत्त्वों की विद्यमानता की जानकारी प्राप्त कर ली है कि एक सामान्य मानव में जल, लोहा, सोडियम, क्लोरिन, पोटाशियम, फास्फोरस आदि द्रव्यों की कितनी-कितनी मात्रा होती है और मानव में उसकी आवश्यकता से कम मात्रा होने पर उनकी पूर्ति करने के लिए उनके कैप्सूल, गोलियां और इंजेक्शन तैयार कर लिए गए हैं।

खगोल (Astronomy) का विषय विज्ञान की सीमा में आ चुका है। किंतु फलित ज्योतिष (Astrology) के विषय में आधुनिक खगोल विज्ञानी न केवल निरपेक्ष है, बल्कि फलित ज्योतिष के विषय में वह अनादर का भाव भी रखता है।

इसका उदाहरण में **श्री स्टीफन हाकिंग** का दिल्ली में दिया गया उनका एक वक्तव्य है। हाकिंग को आज के युग का आइंस्टाइन माना जाता है। वे जनवरी 2001 में भारत आए थे। ब्रह्मांड के रहस्यों के संबंध में उनकी पुस्तक 'एक ब्रीफ हिस्ट्री ऑफ टाइम' विश्व भर में विख्यात हो चुकी है। दिल्ली में सिरीफोर्ट ऑडिटोरियम नामक हाल में उन्होंने अपने वक्तव्य का आरम्भ इन शब्दों से किया कि ज्योतिषी ऐसी भविष्यवाणी कर सकता है जो इतनी धुंधली हो कि उनका कुछ भी अर्थ लगाया जा सके। (जनसत्ता, दिल्ली, 18 जनवरी, 2001)

श्री हाकिंग के सामने संभवतः फ्रांस के भविष्यवक्ता 'नास्त्रेदाम्स (Nostradamus) की सन् 1556 में की गयी भविष्यवाणियां रही होंगी। जो सचमुच गोल मोल और धुंधली हैं या उनकी नज़र में समाचार पत्रों में छपने वाले राशिफल रहे होंगे, जिन्हें होरोस्कोप (Horoscope) यानी जन्मपत्री शीर्षक देकर प्रचारित किया जाता है।

राशिफल फलित ज्योतिष का क ख ग है। ज्योतिष के इस प्राथमिक ज्ञान को संपूर्ण ज्योतिष मान लेने से इस विद्या के प्रति अनादर का भाव उपजा है।

पुराने समय में भारतवासी राशि के नक्षत्र और नक्षत्रों के चरणों के अनुसार जातक के नाम रखते थे। वे आधी जन्मपत्री का काम देते थे किंतु आजकल राशि और नक्षत्र के आधार पर नाम रखने का रिवाज घटता जा रहा है। सौर मास के अनुसार पूरे महीने में जन्में सभी जातकों का एक ही भविष्य बताया जाता है। राशिफल के इन दोनों प्रकार के प्रचार ने ज्योतिष विद्या को एक ठिठोली (Fun) का रूप दे दिया है।

फिर भी एक सामान्य व्यक्ति को अजीब लग सकता है कि आकाश में विचरण करने वाले ग्रह नक्षत्र हमारे जीवन को प्रभावित कर सकते हैं और यहां तक कि उनकी स्थिति के अनुसार व्यक्ति का भविष्य बताया जा सकता है।

आइए इस संभावना पर विचार करने के लिए हम इस लेख में पहले कहे गए उदाहरणों को और कुछ तथ्यों को दुहराएं।

मेरी पत्नी यह भविष्यवाणी कर सकती है कि अमूक माह के अमुक समय में उसके बगीचे में धूप आएगी।

और समुद्र तट के निकट रहने वाले अनपढ़ मछुआरे चांद की तिथियों के अनुसार भविष्यवाणी कर सकते हैं कि आज समुद्र किस समय ज्वार पर होगा और किस वक्त उतार पर होगा।

अपनी पृथ्वी के भीतर के खनिजों और द्रव्यों की चर्चा मैं कर चुका हूं और मानव के भीतर के द्रव्यों का जो ज्ञान अब तक प्राप्त हो चुका है, उसकी एक छोटी सी झलक भी दे चुका हूं।

उस जानकारी को याद दिलाकर मैं यह संभावना व्यक्त कर रहा हूं कि जिस प्रकार हमारी पृथ्वी में खनिजों और द्रव्यों की विद्यमानता है, उसी प्रकार हमारे सौर परिवार के अन्य ग्रहों और उपग्रहों में इस प्रकार के या इससे अलग प्रकार के द्रव्य हो सकते हैं।

आज का खगोल उन ग्रहों और नक्षत्रों के गणित पक्ष के अध्ययन तक सीमित है। यह गणित पक्ष फलित पक्ष का भी आधार है।

और आज के विज्ञान ने वनस्पतियों पर पड़ने वाले सूर्य के प्रभाव का भी पर्याप्त अध्ययन कर लिया है। सूर्य के उत्तरायण और दक्षिणायन पक्ष के कारण अलग-अलग भागों पर आने जाने वाली ऋतुओं का प्रभाव भी आज के विज्ञान ने जान लिया है किंतु फलित ज्योतिष उससे आगे का ज्ञान है।

हम क्यों न इस संभावना पर विचार करें कि सूर्य सहित, अन्य ग्रह नक्षत्र मानव के भीतर के द्रव्यों को अपनी आकर्षण विकर्षण

शक्ति द्वारा आंदोलित कर सकते हैं। जिस प्रकार सूर्य की किरणें वनस्पतियों और पेड़ पौधों में अपनी संश्लेषण प्रक्रिया द्वारा हरितमा जैसे तत्त्वों का निर्माण करती हैं, मानवों में वे उसी प्रकार के संश्लेषण और रासायनिक प्रक्रिया द्वारा वे हारमोनों और कोलोनों का निर्माण कर सकती हैं।

सूर्य के अतिरिक्त अन्य ग्रहों नक्षत्रों में भी मानव के भीतर के द्रव्यों को आकर्षित, विकर्षित करने की शक्ति मानव के भीतर के तत्त्वों में रासायनिक परिवर्तन कर सकती है।

यहां मैं कुछ मनोचिकित्सकों के अध्ययन का सार भी देना चाहता हूं कि कुछ मनोरोगी पूर्णमासी की रात में अधिक विक्षिप्त हो जाते हैं।

मनोरोगी हम उन्हें मानते हैं जो सामान्य जनों से अलग प्रकार के होते हैं। संभवतः इसलिए कि उनके भीतर के हारमोन आदि सामान्य जनों से कम या अधिक होते हैं, इसलिए उनके भावों में ज्वार भाटे जैसी उतार चढ़ाव की स्थिति हो सकती है।

यदि यह मान लिया जाए कि सूर्य और चंद्र के अतिरिक्त अन्य ग्रह नक्षत्र भी मानव के भीतर के तत्त्वों में रासायनिक परिवर्तन कर सकते हैं और उस प्रक्रिया से उनके मनोभावों में आंदोलन हो सकता है तो प्रश्न उठता है कि इस कारण से उनका भविष्य कथन कैसे किया जा सकता है।

अपने अंदर उठे इस प्रश्न का उत्तर मुझे न्योन साइन (Neon Signs) पर आधारित प्रकाश के चक्रों के रूपों से मिला।

मैंने सड़क पर न्यून साइन पर आधारित एक विज्ञापन देखा। विज्ञापन में कार की आकृति बनी। उस आकृति के सिमटने पर उस कंपनी का नाम प्रकट हुआ, जिसने यह कार बनायी थी। उस नाम के सिमटने पर कुछ और प्रकट हुआ और उसके सिमटने पर पूर्ववत् कार दिखाई दी।

उस अवसर से पहले विवाह आदि उत्सवों पर मैंने बिजली के रंग बिरंगे बल्बों की श्रृंखला को देखा था जिसके एक विशेष क्रम से जलने बुझने से अलग-अलग प्रकार के रूप बनते बदलते थे। इन रूपों के बदलते रहने का कारण उनका कुछ विशेष सर्किटों (circuits) में बंधा होना होता है। वे प्रकाशित न्योन साइन भी संभवतः इस प्रकार किसी सक्रिट से बंधे होंगे।

उन्हें देखकर मुझे लगा कि ज्योतिषी की बनायी जन्मपत्री भी एक प्रकार के सर्किट की तरफ संकेत करती है। जन्मपत्री जातक के जन्म समय और जन्म स्थान के अवसर पर आकाश के ग्रह नक्षत्रों की स्थिति बताती है। इन ग्रह नक्षत्रों के भीतर के द्रव्य अपनी-अपनी आकर्षण विकर्षण प्रक्रिया से जातक के भीतर के द्रव्यों में आंदोलन उत्पन्न करते हैं। जिसके कारण जातक की निर्णय शक्ति प्रभावित होती है। वह निर्णय शक्ति जातक के आसपास के या संपर्क के व्यक्तियों में प्रतिक्रिया उत्पन्न करती है। अनुकूल प्रतिक्रिया **सौभाग्य** कहलाती है और प्रतिकूल प्रतिक्रिया **दुर्भाग्य** कहलाती है।

गणित ज्योतिष के आधार पर ग्रह नक्षत्रों के परिक्रमा पथ का समय और उनसे प्रभावित होने वाला स्थान पहले से ज्ञात हो सकता है। जिस तालिका (Table) में वह परिक्रमा पथ दर्ज होता

है, उसे हम पंचांग (Aphemeris) कहते हैं।

इस परिक्रमा की प्रतिक्रिया को पहले भी बताया जा सकता है। **किसी भी प्रतिक्रिया को घटित होने से पहले बताना भविष्यकथन कहलाता है।**

सामान्य ज्योतिषी पंचांग के आधार पर जातक की कुंडली बनाता है और फलित ज्योतिष के पुराने शास्त्रियों के निष्कर्षों के आधार पर जातक का भाग्य बताता है।

ज्योतिष शास्त्र में नवग्रह के परिक्रमा के अनुसार भाग्य बताया जाता है, जबकि हर्षेल नेप्च्यून आदि अनेक ग्रहों का ज्ञान बाद में हुआ है और भविष्य में अधिक ग्रहों के ज्ञात होने की संभावना है। उनके प्रभाव को जानने के लिए इस विद्या में **नये परीक्षणों की आवश्यकता है** किंतु जहां इस विद्या को ढकोसला कहकर तिरस्कार किया जाता है, वहां नये परीक्षणों की संभावना धूमिल हो जाती है।

❐

कट्टरता का पक्ष विपक्ष

'सत्य' का अर्थ 'झूठ का निषेध' समझा जाता है। यह सत्य का सीमित अर्थ है। इसका व्यापक अर्थ 'यथार्थ' है। यथार्थ असीम है, विराट् है किंतु हमारी सीमित दृष्टि विराट् के कुछेक पक्षों को देख सकती है। उसके अधिकतर पक्ष हमारी दृष्टि सीमा, हमारी विचार सीमा से दूर रहते हैं।

कहा जाता है कि **'विराट्-सत्य देश और काल की सीमा से परे है'** इस सूक्ति की व्याख्या इस प्रकार है कि-

' एक भौगोलिक क्षेत्र में जो उचित है, वह अन्य भौगोलिक क्षेत्र के लिए अनुचित हो सकता है। जैसे कि भारत के गर्म प्रदेश में 'शीतल पानी का प्याऊ' स्थापित करना पुण्य का कार्य है। रूस के शीतल प्रदेश में परदेसी को गर्म अंगीठी उपलब्ध कराना पुण्य का काम होगा, ऐसी संभावनाओं को दृष्टि में रखते हुए विराट्-सत्य को **देश की सीमा से परे** कहा गया है।

'भूतकाल में जो शुभ था, आवश्यक नहीं आज के लिए भी शुभ हो और यह भी आवश्यक नहीं कि जो आज कल्याणकारी है, भविष्य के लिए भी कल्याणकारी हो। इसीलिए विराट्-सत्य को **काल की सीमा से परे** कहा गया है।'

इस प्रकार के व्यापक यथार्थ के अनेक पक्षों पर विचार करके

जैन परंपरा के प्रबुद्ध जनों ने 'स्याद्वाद' शब्द दिया था।

स्याद्वाद हर नियम, हर विचार को परिस्थिति के अनुसार उचित या अनुचित कहता है। जैसे कि अमुक वस्तु अमुक स्थिति के लिए ठीक या उचित है, अन्य स्थिति के लिए वह गलत या अनुचित हो सकती हैं किंतु सामान्य व्यक्ति किंतु-परंतु, अगर-मगर की शर्त वाले किसी मत पर आस्था नहीं रखना चाहता। विशेष रूप से धर्म के मामले में वह उस मत पर श्रद्धा रखता है जो किन्हीं स्थिर नियमों पर स्थिर रहने के लिए उसे प्रेरित करता हो।

यहां मैं सामान्य व्यक्ति और विशिष्ट व्यक्ति का अंतर स्पष्ट करना चाहता हूं। हर व्यक्ति किन्हीं एक या दो विषयों में विशिष्ट होता है। शेष अधिकतर विषयों के लिए वह सामान्य होता है। अपने कार्य क्षेत्र में विशिष्टता प्राप्त करने के लिए उसे अपने कार्यक्षेत्र से बाहर के विशेषज्ञों के नियमों, निष्कर्षों पर विश्वास करना पड़ता है। धार्मिक क्षेत्र में ऐसे विश्वास को आस्था या श्रद्धा कहते हैं।

लौकिक नियमों के सच या झूठ की जांच परख-नली में हो सकती है किंतु धार्मिक मान्यताएं अलौकिक और अदृश्य की बात करती हैं। जैसे ईश्वर, परलोक आदि, जिन्हें परख नली में सिद्ध नहीं किया जा सकता। इसलिए इन विषयों में धर्माचार्यों के सुझाए गये नियमों को स्वीकार करना अधिकतर व्यक्तियों के लिए सुविधाजनक होता है। यह श्रद्धा व्यक्ति के मन मस्तिष्क को आराम देती हैं अतः अधिकतर जनों के लिए श्रद्धा शांतिदायक होती है।

अपनी धार्मिक मान्यताओं पर आस्था रखना व्यक्ति का निजी मामला है। अपने विचारों पर दृढ़ रहने के लिए वह स्वतंत्र है किंतु यदि वह अपनी मान्यता को सर्वोच्च मानकर अन्य जनों की आस्था, श्रद्धा या मान्यता को दबाना चाहता है तो उसकी **यह दृढ़ता कट्टरता कहलाती है।**

आधुनिकता से प्रभावित होकर हर परंपरा या रूढ़ी को नकारना एक प्रकार की कट्टरता है। रूढ़ी और परंपरा पर दृढ़ रहकर आधुनिकता को सिरे से नकारना दूसरे प्रकार की कट्टरता है।

कट्टरता का केन्द्र राजनीति का कोई वाद हो सकता है, धर्म या संप्रदाय का कोई नियम हो सकता है, साहित्य या कला की कोई धारा हो सकती है। ये सभी वाद, नियम और धाराएं विराट् सत्य के किसी सीमित पक्ष पर प्रकाश डालती हैं किंतु कट्टर प्रकृति का व्यक्ति एक सीमित पक्ष को परम सत्य मान कर अन्य जनों को अपनी आस्था पर झुकाने के लिए दबाव बनाता है। वह दबाव धन का, पद का या शस्त्र का हो सकता है।

दबाव बनाने के लिए कट्टर व्यक्ति को किसी संगठन की आवश्यकता होती है। संगठन का केंद्र किसी जीवित व्यक्ति को बनाने की बजाय किसी मृतक को बनाना उसे सुविधाजनक और सुरक्षित लगता है। यह इसलिए कि जीवित व्यक्ति किसीभी समय अपना मत बदल सकता है। मृत व्यक्ति का मत स्थिर होता है। अतः कट्टर संगठनकर्ता किसी मृतक के नाम पर अपने संगठन को व्यापक बनाता है।

इसी संदर्भ में मुझे पिछले दो दशकों में प्रसारित एक टी. वी.

धारावाहिक याद आता है। संत कवि कबीर के जीवन पर आधारित यह धारावाहिक दूरदर्शन पर प्रसारित हो रहा था। इसे रुकवा दिया गया। कारण, कबीरपंथी मठ ने उस पर यह आपत्ति की कि कबीर अलौकिक पुरुष थे। धारावाहिक में उन्हें लौकिक पुरुष की तरह दिखाया गया है।

हम सब जानते हैं कि कबीर अपने समय के विद्रोही कवि थे और अपने विद्रोही स्वभाव के कारण उनके जीवन काल में उन्हें कट्टरपंथियों से जूझना पड़ा था, दिवंगत होने के बाद वे अलौकिक मान लिए गए और उनके प्रति आदर की भावना से बना धारावाहिक नयी कट्टरता का शिकार हो गया।

इस प्रकार के उदाहरण हम अपने आसपास हर क्षेत्र में देख सकते हैं और उससे जान सकते हैं कि हर प्रगतिशील विंचार रूढ़ होकर कट्टरता को जन्म देता है और नये विचारों को रोकता है।

कट्टरता का मुकाबला तर्क से नहीं किया जा सकता। एक कट्टरता को हटाने के लिए दूसरी कट्टरता को आना पड़ता है।

विश्व भर में जितने धर्म, मज़हब, मत और राजनैतिक-वाद हैं, वे सब एक कट्टरता को दूर करने के लिए उपजायी गयी नयी कट्टरता के परिणाम हैं और मानव प्रकृति के अध्ययन से प्रतीत होता है कि ऐसा क्रम भविष्य में भी जारी रहने की संभावना है।

❐

मानव देह में पंचभूतों की स्थिति कैसे ?

एक धर्म परायण व्यक्ति अपने नास्तिक मित्र को एक स्वामी जी का प्रवचन सुनने के लिए ले गया, यह सोचकर कि प्रवचन सुनने से शायद उसके मित्र का जीवन सुधर जाए।

स्वामी जी सभा में कह रहे थे, "हम सब माटी के पुतले हैं। हमारे भीतर जीव के रूप में परमात्मा का निवास है। जीव निकल जाए तो माटी की देह पड़ी रह जाती है।"

नास्तिक मित्र ने उपहास के स्वर में पूछा, "देह यदि मिट्‌टी की है तो वर्षा में भीगकर कीचड़ क्यों नहीं हो जाती।"

स्वामी जी ने चौंककर प्रश्नकर्ता को देखा, फिर होंठो पर मुसकान लाकर बोले, "प्रवचन के बाद हमसे मिलना। हम तुम्हारी शंका का निवारण करेंगे।"

सभा के विसर्जन के बाद धर्म परायण व्यक्ति अपने मित्र को स्वामी जी के कक्ष में ले गया। वहां उन्होंने बताया, मानव शरीर पंच तत्त्व का पुतला है। वे तत्त्व हैं, आकाश, वायु, अग्नि, जल और पृथ्वी। जीवात्मा के निकल जाने पर पृथ्वी, तत्त्व को छोड़कर शेष सारे तत्त्व विलीन हो जाते हैं, पृथ्वी तत्त्व पड़ा रहता है। उसी पृथ्वी तत्त्व को हम 'माटी' कहते हैं।

धर्म परायण व्यक्ति ने स्वामी जी की बुद्धि को उत्कृष्ट और

अपनी बुद्धि को तुच्छ माना और 'सत् वचन' कहकर सिर झुका दिया किंतु उसके मित्र की जिज्ञासा शांत न हुई। वह समझ न सका कि विशाल नीले आकाश, पंखे से निकली वायु, किचन में जलती अग्नि, नल से निकलने वाले जल तथा विशाल पृथ्वी से मानव शरीर कैसे बन गया।

स्वामी जी ने उस 'कैसे' का जवाब यह दिया कि शास्त्रों में ऐसा लिखा है। ऋषि वचनों पर शंका नहीं करते, स्वीकार करते हैं।

ऋषि वचन अर्थात् परंपरा से चले आ रहे धर्मग्रंथ। किसी के लिए वेद सर्वोच्च है, किसी के लिए कुरान या बाइबिल। नास्तिक को उनमें से किसी पर श्रद्धा नहीं थी इसलिए वह स्वामी जी के वचनों से संतुष्ट न हुआ और इन वचनों को ढकोसला कहकर विदा हो गया।

मैं किशोरावस्था में 'पांच तत्त्व का पुतला' जैसे वाक्य सुनता तो था, किंतु उनका अर्थ मेरी समझ में नहीं आता था। फिर भी उसे ढकोसला मानने के लिए भी मैं तैयार नहीं था। मेरी बाल सुलभ जिज्ञासा ने उससे संबंधित विषयों का अध्ययन जारी रखा। जो बात दर्शनों के सूत्रों से समझ न आई, वह आयुर्वेद के सूत्रों व ग्रंथों का अध्ययन करने से कुछ अधिक स्पष्ट हुई।

इस सिलसिले की पहली कड़ी थी कविराज उपेन्द्रनाथ दास रचित पुस्तक "**पंचभूत विज्ञान**" तथा उन्हीं की लिखी "**त्रिदोष**

विज्ञान" और मुझे लगा कि पंचतत्त्व का विषय मात्र दार्शनिकों का बौद्धिक व्यायाम नहीं है, अपितु आयुर्वेदिक चिकित्सा का आधार भी पंचभूत संबंधी सिद्धांत है।

प्राचीन भारतीय दर्शनों में पंचभूत से संबंधित सूत्र वैशेषिक दर्शन में प्रमुखता से आए हैं। लोक प्रचलित पंचतत्त्व या पंचभूतों को वैशेषिक दर्शन में द्रव्यों की श्रेणी में रखा गया है। सामान्य भाषा में हम 'भूत' को भौतिक तत्त्व कह सकते हैं।

सांख्य दर्शन तथा भगवद्गीता में इन पंचतत्वों के साथ त्रिगुणात्मक प्रकृति तथा पुरुष यानी चेतन तत्त्व का वर्णन भी है। हम यहां पुरुष और प्रकृति के विस्तार में न जाकर अपने विषय को पंचभूतों तक सीमित रखते हैं। इन तत्त्वों के दार्शनिक नाम हैं, आकाश, वायु, अग्नि, जल और पृथ्वी।

इन तत्त्वों के नाम के साथ 'दार्शनिक' विशेषण इसलिए दिया गया है कि वे द्रव्य या तत्त्व इन नाम वाले प्रकट पदार्थों जैसे नहीं हैं।

दर्शनों तथा आयुर्वेद संबंधी ग्रंथों के अध्ययन मनन से पंच तत्त्वों के विषय में मैं जितना समझ सका हूं और उसे बताने के लिए मेरे पास जो शब्द संपदा है, उसे यहां प्रकट कर रहा हूं।

भारत के प्राचीन दार्शनिकों ने विश्व के सभी द्रव्यों को पांच प्रमुख वर्गों में बांटा है। ये द्रव्य सूक्ष्म शरीर या जीवात्मा में समायी ज्ञानेन्द्रियों को आकार देते हैं। ज्ञानेन्द्रियों द्वारा स्वीकार करने

वाले अनुभवों के पूर्व रूपों को भारतीय दर्शनों में '**तन्मात्र**' नाम दिया है। वर्तमान प्रचलित जींस (Genes) तथा डी.एन.ए. (DNA) संभवतः ज्ञानेद्रियों और कर्मेंद्रियों के तनिक स्थूल रूप प्रतीत होते हैं। ज्ञानेद्रियों से संबंधित ये तन्मात्र पांच वर्गों में बंटे विश्व के द्रव्यों को आकृष्ट करके पांच ज्ञानेन्द्रियों को आकार देते हैं। ये पांच ज्ञानेन्द्रियां हैं कान, त्वचा, आंख, रसना और नाक।

इनमें सबसे विरल तत्त्व का दार्शनिक नाम '**आकाश**' है। सृष्टि में तथा शरीर में जहां-जहां रिक्तता या शून्य प्रतीत होता है, वहां आकाश तत्त्व भरा है। यहां 'प्रतीत होता' शब्दो पर विशेष ज़ोर दिया है। यह इसलिए कि दर्शन के अनुसार शून्य कहीं नहीं है। जिसे हम शून्य समझते हैं वहां आकाश तत्त्व विद्यमान होता है।

आकाश तत्त्व में नियमित गति से विचरण करने वाले ग्रह नक्षत्रों से लहरें नहीं उठती किंतु सामान्य से अलग प्रकार की गति से या घर्षण से जो लहरें उठती हैं, उनसे शब्द की उत्पत्ति होती है। मानव शरीर में शब्द को अनुभव करने वाली ज्ञानेन्द्रिय **कान** है। इस अनुभव को '**श्रवण तन्मात्र**' कहा जाता है।

आकाश तत्त्व में अन्य किसी वर्ग के तत्त्व की मिलावट नहीं है।

दूसरे पंच भौतिक तत्त्व का दार्शनिक नाम **वायु** है। वायु से तात्पर्य है गति या वेग। मानव शरीर में अथवा शरीर से बाहर जहां-जहां गति है, वह 'वायु' तत्त्व के कारण है।

हम समझते हैं, पंखा वायु देता है। वास्तव में पंखा वायु देता नहीं अपितु वातावरण की स्थिरता में गति उत्पन्न करता है। इस गति के कारण हमारे शरीर से निकला गर्म ताप हमारे तन की सतह से दूर हो जाता है और हमारे तन से दूर का शीतल ताप उस गर्म ताप का स्थान ले लेता है और हमें शीतलता का अनुभव देता है।

समुद्र के जल में वायु तत्त्व की गति के कारण लहरें उठती हैं। तीव्र गति से तूफान आते हैं। धरती पर गति के कारण आंधी या बवंडर उठते हैं। शरीर के भीतर के अलग-अलग भागों में विचरण करने वाली गति को उदान वायु, अपान वायु, श्वास, निःश्वास आदि नाम दिए गए हैं। शरीर में रुधिर का, हृदय का संचालन वायु नामक तत्त्व के कारण होता है।

मानव शरीर में वायु तत्त्व को अनुभव कराने वाली ज्ञानेन्द्रिय **त्वचा** है। इस अनुभव को '**स्पर्श तन्मात्र**' कहा गया है। वायु तत्त्व में आकाश तत्त्व मिला हुआ है।

तीसरे तत्त्व का दार्शनिक नाम '**अग्नि**' है। अग्नि से तात्पर्य है प्रकाश और ताप। इस तत्त्व की उत्पत्ति वेग के कारण होती है, जो वायु की विशेषता है। उल्का पिंड वेग से गिरते हैं तो चमक दिखाई देती है। ग्रह नक्षत्रों की चमक का कारण उनकी गति या वेग है। शरीर के बाहर की अग्नि से पदार्थ पकाए या तपाए जाते हैं। तन के भीतर की जठराग्नि अन्न को पचाती है।

मानव शरीर में प्रकाश को अनुभव कराने वाली ज्ञानेन्द्रिय

नेत्र है। इस अनुभव को '**तेज तन्मात्र**' कहा गया है। अग्नि तत्त्व में आकाश और वायु तत्त्व की मिलावट होती है।

चौथे तत्त्व का दार्शनिक नाम **जल** है। शरीर में और शरीर से बाहर के जगत में जहां कहीं तरलता है, नमी है, स्निग्धता और शीतलता है, वह जल तत्त्व के कारण है। जल तत्त्व में द्रव्यों को गलाने की क्षमता है।

मानव शरीर में जल तत्त्व को अनुभव कराने वाली ज्ञानेन्द्रिय **रसना अथवा जिह्वा** है। इस अनुभव को '**रस तन्मात्र**' कहा जाता है। जल तत्त्व में आकाश, वायु और अग्नि तत्त्व की मिलावट है।

पांचवें तत्त्व का दार्शनिक नाम **पृथ्वी** है। पृथ्वी से तात्पर्य है ठोसपन , जिससे आकार बने। पृथ्वी तत्त्व में इससे पूर्व के चारों तत्त्व आकाश, वायु, अग्नि और जल समाविष्ट हैं।

सृष्टि में जहां जो आकार दिखाई देता है, वह पृथ्वी तत्त्व के कारण है। मानव शरीर में पृथ्वी तत्त्व को अनुभव कराने वाली ज्ञानेन्द्रिय **नासिका** है। नासिका से प्राप्त अनुभव को '**गंध तन्मात्र**' कहा गया है।

ग्रीक दर्शनों में आकाश तत्त्व को छोड़कर शेष चारों तत्त्वों को मूल तत्त्व के तौर पर स्वीकार किया गया है किंतु प्राचीन भारतीय दर्शनों में आकाश तत्त्व को प्राथमिक तत्त्व माना गया है। ब्रह्मांड

के सभी ग्रह नक्षत्रों के मध्य आकाश तत्त्व फैला हुआ है। इस तत्त्व के कारण हमारे ब्रह्मांड के सभी ग्रह नक्षत्र एक दूसरे से संबंधित हैं। आधुनिक विज्ञान में ईथर (Ether) का कार्य बहुत कुछ आकाश जैसा है।

पंचभूत संबंधी यह ज्ञान बौद्धिक व्यायाम समझा जाता है, किंतु भारतीय चिकित्सा पद्धति 'आयुर्वेद' ने अपने अनुसंधानों द्वारा इसे दार्शनिक से वैज्ञानिक रूप दिया है।

आयुर्वेद दर्शन के अनुसार विश्व के सभी पदार्थ किसी न किसी के लिए औषधि हैं और हर औषधि में किसी एक भूत की मात्रा अधिक होती है। मानव में किसी तत्त्व की अधिकता या कमी उसके लिए रोग कारण होती है। उसे रोग मुक्त करने के लिए उसे वह औषधि दी जाती है जो उसके भीतर के आवश्यकता से अधिक भौतिक तत्त्व को कम, अधिक या सम करे। अर्थात् जिस तत्त्व की कमी हो, उसे बढाने वाले द्रव्य देकर पूर्ण करे। जो तत्त्व अधिक हो उसके विपरीत तत्त्व देकर उस अधिकता को सम करे।

उदाहरणतः आयुर्वेद के द्रव्य गुण संबंधी ग्रंथ (Materia Medica) के षड् रस संबंधी विवरण के अनुसार[1]:

मधुर रस में पृथ्वी तथा जल तत्त्व की प्रधानता होती है।

अम्ल रस में अग्नि तत्त्व की, **लवण रस** में जल तथा अग्नि तत्त्व की, **तिक्त (तीखे)** रस में आकाश तथा वायु तत्त्व की, **कटु**

1. भाव प्रकाश निघंटु, व्याख्याकार- द्विवेदी, विश्वनाथ; पृ. 11, दिल्ली, मोतीलाल बनारसीदास, 1974

रस में अग्नि तथा वायु तत्त्व की, **कषाय (कसैले) रस** में पृथ्वी तथा वायु तत्त्व की प्रधानता होती है।

आयुर्वेद में मानव शरीर को संचालित करने और शरीर को आकार देने वाले तत्त्वों को '**धातु**' कहा गया है।[1] शरीर में स्थित सप्त धातुओं में रस जल प्रधान है, रक्त जल तथा अग्नि प्रधान है, मांस पृथ्वी प्रधान हैं, मेद (वसा) पृथ्वी तथा जल प्रधान है, अग्नि पृथ्वी तथा वायु प्रधान है, मज्जा तथा शुक्र जल प्रधान है।

आयुर्वेद दर्शन में मानव स्थित पंचभूतों से संबंधित रोगों को तीन मुख्य भागों में बांटा गया है। वे भाग हैं,- **वात, पित्त** और **कफ़।**

पंचभूत संबंधी जो ज्ञान धार्मिक और दार्शनिक ग्रंथों में सूत्रों के रूप में सुरक्षित रहा है, आयुर्वेद ने उस ज्ञान के आधार पर परीक्षण करके पंचभूत सिद्धांत को वैज्ञानिक रूप प्रदान किया है। आयुर्वेद चिकित्सा पद्धति से लोग रोगमुक्त होते हैं, इससे ज्ञात होता है कि भारतीय दर्शनों की पंचभूत संबंधी मान्यता निराधार नहीं है।

❐

1. शरीर क्रिया विज्ञान - शर्मा, प्रियव्रत; पृ. 72, वाराणसी: चौखम्बा संस्कृत संस्थान, 1975

अहंकार : कितना बुरा, कितना अच्छा

पुरानी बात है। आकाशवाणी में मेरे एक मित्र ऊंचे पद पर थे। एक दिन मैनें उनसे कहा, कि आप फिल्मी गानों के फ़रमाइशी कार्यक्रम में जितना समय गानों को देते हैं, उससे अधिक समय आप फ़रमाइश करने वाले श्रोताओं के नाम सुनाने में नष्ट कर देते हैं। यदि आप श्रोताओं के नाम न सुनाकर केवल फ़रमाइशी गानें सुनाएं तो अधिक गानों को समय मिल जाएगा।

मित्र ने कहा, "हमने एक बार ऐसा किया तो फरमाइशें आनी बंद हो गयीं। वास्तव में लोग गाने की आड़ में रेडियो पर अपना नाम सुनना चाहते हैं।"

ऐसा क्यों होता है ?

ऐतिहासिक स्थलों की दीवारों पर लोग अपना नाम लिखकर वहां की दीवारें गंदी करते हैं, उनकी इस प्रकार की क्रियाओं के पीछे कौन सी प्रवृत्ति होती है।

इस प्रश्न का उत्तर है

कि इससे उनके अहम् को तुष्टि मिलती है। इससे उन्हें आभास होता है कि मेरा अन्य जनों से अलग अस्तित्व है। अगर वे किसी शिलालेख पर अपना नाम नहीं खुदवा सकते तो कहीं तो

अपना अस्तित्व प्रकट कर सकते हैं। वह फ़रमाइशी कार्यक्रम हो या कोई ऐतिहासिक दीवार।

आधुनिक मनोविज्ञान की एक शाखा मानव के अधिकतर क्रियाकलापों के पीछे अहम् (Ego) को महत्त्व देती है। दूसरी शाखा श्रेष्ठक भावना (Superiority Complex) को महत्त्व देती है जो हीनता की भावना (Inferiority Complex) की प्रतिक्रिया का एक रूप है। भारतीय दर्शनों में इस प्रवृत्ति को **अस्मिता** तथा **अहंकार** कहा गया है। सांख्य दर्शन के अनुसार 'अहंकार' प्रकृति के रजोगुण से उत्पन्न भाव है।

मैं सामान्य नहीं हूँ, असामान्य हूँ, इस विचार की सामाजिक स्वीकृति पाने के लिए व्यक्ति अपने कार्यक्षेत्र के अनुसार जतन करता है। वह कार्यक्षेत्र कला का कोई पक्ष हो सकता है, खेल का मैदान, विज्ञान की कोई शाखा, व्यापारिक-उद्योग, अध्यात्म या अपराध जगत हो सकता है।

एक रचनाकार को अपनी किसी कृति पर प्रादेशिक पुरस्कार मिलता है तो उसे प्रसन्नता होती है। उस प्रसन्नता का कारण एक विशेष वर्ग में बनने वाली उसकी खास पहचान है। यदि उसे प्रादेशिक से राष्ट्रीय तथा राष्ट्रीय से अंतर्राष्ट्रीय पुरस्कार मिले तो उसकी पहचान का घेरा विस्तृत हो जाता है। इससे मिलने वाले सुख का कारण उसके अहंकार का पोषण होता है।

इससे विपरीत प्रकार का अहंकार एक अपराधी को अन्य रूप में सुख देता है। जिस अपराधी को पकड़वाने के लिए एक लाख

रुपये का पुरस्कार घोषित होता है, वह स्वयं को उस अपराधी से बड़ा मानता है जिसे पकड़वाने के लिए दस हज़ार का पुरस्कार घोषित होता है।

मानव की अहम् का पोषण करने वाली इस प्रवृत्ति का अध्ययन करके अमेरिका के एक मनोवैज्ञानिक **डेल कारनेगी** ने एक पूरा शास्त्र लिख डाला है, जिसका नाम है 'How to Win Friends and Influence People'

यह पुस्तक आदर्श की बजाय व्यवहार-कुशलता पर बल देती है। इस पुस्तक का संदेश है कि सामने वाले व्यक्ति के गुणों की प्रशंसा करो, उसके दोषों को अनदेखा करो। गुण अगर प्रकट रूप से दिखाई न देते हों तो उन्हें ढूंढ़ो। उसका व्यक्तित्व, कद-काठी, शरीर का सुंदर गठन, केश विन्यास, पाक कला, वेशभूषा, विनम्रता, साफगोई, सौम्यता, उद्दंडता इत्यादि में से कुछ न कुछ ऐसा मिल जाएगा जिसका जिक्र करके श्रोता के अहम् को तुष्टि मिलेगी।

इस अघोषित शास्त्र के आधार पर **प्रशस्ति-पत्र और अभिनंदन-ग्रंथ** लिखे जाते हैं।

छोटों को शाबाशी, बड़ों को सलाम, प्रणाम या चरण स्पर्श, ये सब प्रशंसा के अलग-अलग प्रकार हैं, जो पाने वालों की अहम् को तुष्टि देते हैं। तालियां और फूलमालाएं प्रशंसा के अन्य प्रकार हैं।

पुष्प वर्षा की बजाय अंडे, सड़े टमाटर और कीचड़ की वर्षा निंदा के प्रकार हैं। कभी-कभी ये प्रकार व्यक्ति को उसकी अलग प्रकार से पहचान का अहसास करवाते हैं। विशेषकर राजनीति

के क्षेत्र में। यह इसलिए कि **राजनीति में, गुमनाम होने की तुलना में निंदित होना अच्छा माना जाता है।** यह इसलिए कि निंदा से उबर कर व्यक्ति कभी न कभी प्रशंसा पा सकता है किंतु गुमनामी के अंधेरे में डूबे व्यक्ति के लिए फिर से उबर कर आना कठिन होता है। इसी बात को एक शायर ने कहा है, **"बदनाम जो होंगे तो क्या नाम न होगा?"**

यहाँ ख्याति, प्रशंसा, यश, चापलूसी और श्लाघा के मध्य का अन्तर समझना होगा।

ख्याति से तात्पर्य है, अधिक जनों द्वारा जाना गया नाम। आवश्यक नहीं वह नाम गुणों के कारण प्रसिद्ध हुआ हो। गुणों की स्वीकृति **प्रशंसा** कहलाती है। बहुजनों द्वारा की जाने वाली प्रशंसा का नाम '**यश**' है और गुणहीन की प्रशंसा **चापलूसी** नाम पाती है। अपने मुंह से अपनी प्रशंसा '**श्लाघा**' की श्रेणी में आती है।

कुछ व्यक्ति प्रशंसा के लिए लालायित होते हैं और आत्म-प्रशंसा से बचना चाहते हैं। ऐसे व्यक्ति प्रशंसा की फ़रमाइश के लिए नये-नये ढंग ढूंढ़ते रहते हैं।

मेरे एक परिचित आमतौर पर यह कहते पाए जाते हैं **"अजी हम ठहरे मूरख आदमी"** या **"हम तो सीधे सादे गंवार हैं जी"** इत्यादि। ऐसा कहकर वे श्रोता से अपने शब्दों की प्रतिक्रिया जानना चाहते हैं। जो व्यक्ति उनके कथन का खंडन करता है, वह उनकी मित्र मंडली में शामिल हो जाता है, जो 'सत्य वचन' कह कर मंडन कर देता है, वह उनके लिए अछूत हो जाता है।

कुछ लोग अपने से ऊंचे लोगों में विचरण करने में असुविधा का अनुभव करते है और अपने से नीचे वालों में मेल जोल बढ़ाने में उन्हें सुख मिलता है। ऊंचे या नीचेपन का कारण धन, पद, विद्या, कुल आदि में से कुछ भी हो सकता है।

इस असुविधा और सुख का कारण यह होता है कि अपने से ऊंचे जनों में अपना स्थान बनाने के लिए उन्हें उच्च जनों के अहंकार की तुष्टि करनी पड़ती है, जबकि अपने से नीचे वालों से उन्हें आदर मिलता है। इससे उनके अपने अहंकार को तुष्टि मिलती है। स्पष्ट है कि उनकी प्राथमिकता उनकी अपनी अहंकार तुष्टि होती है जो उनके लिए सुखद होती है।

अहंकार का निषेध सभी धर्मो, संप्रदायों में किया गया है किंतु इस भाव का कोई न कोई रूप हर धर्म संप्रदाय में विद्यमान है।

स्वामी जी के नाम के साथ 108 लगेगा, 1008 या एक लाख आठ या **कुंभ** के मुख्य स्नान में कौन से अखाड़े का महंत सबसे पहले स्नान करेगा, इस क्रम में अंतर आने से कभी-कभी जटिल स्थिति उत्पन्न हो जाती है।

किस गुरु, महंत या महाराज जी की सभा में श्रद्धालुओं की संख्या अधिक है, इससे स्वामी जी को तुष्टि मिले या न मिले, लेकिन सभा के व्यवस्थापकों को अवश्य मिलती है और उस सभा के उपस्थित श्रद्धालुओं को भी मिलती है कि जिस गुरु या स्वामी जी के हम श्रद्धालु हैं, उनके श्रद्धालु बहुत अधिक हैं या हमारे गुरुभाईयों में किस प्रकार के लोग हैं, राजनेता है, न्यायाधीश हैं या बड़े उद्योगपति।

कुछ श्रद्धालुजनों को अन्य प्रकार की तुष्टि मिलती है कि हमारे आराध्य सोने के सिंहासन पर बैठते हैं या चाँदी के रथ पर सवार होकर आते हैं या हाथी पर सवार होकर। इन वाहनों पर बैठने वाले आराध्य अपने श्रद्धालु जनों की मानसिक मांग पूरी करते हैं या स्वयं उन्हें मानसिक सुख मिलता हैं, यह भी विचारणीय विषय है।

दस दिन के गणेश उत्सव के उपरांत किस पूजा स्थल के गणपति का विसर्जन पहले होगा, उस प्राथमिकता का गर्व गणपति को नहीं होता किंतु उस विशेष पूजा स्थल के आयोजकों को होता है। परंपरा से चले आ रहे विसर्जन क्रम में परिवर्तन होने से श्रद्धालुजनों में झगड़ा होते देखा जाता है, क्योंकि उस क्रम में श्रद्धालुजनों का अपना अहंकार जुड़ा होता है।

समाज में धन का महत्व है। इस धन का प्रदर्शन हम अपने निवास या कार्यालय की सजावट करके करते हैं। ऐसा करके हमारे अहंकार को तृप्ति मिलती है। वैसी तृप्ति अपने आराध्य का भव्य मंदिर, मस्जिद, चर्च या गुरुद्वारे आदि स्थल बना कर हमें मिलती है कि हमारे आराधना स्थल औरों से भव्य हैं।

हम प्रशंसा से प्रसन्न होते हैं, इसलिए हम समझते हैं हमारे आराध्य भी हमारी स्तुति से प्रसन्न होंगे और हमें धन, सुख, समृद्धि देंगे। यह प्रवृत्ति हर धर्म, हर मज़हब के श्रद्धालुओं में है। इसलिए हर धर्म, हर मज़हब, हर संप्रदाय में स्तुतिपरक भजन, कीर्तन, कव्वाली आदि के आयोजन होते हैं। स्तुति आराध्य तक पहुंचेगी

या नहीं, किंतु उससे आराधक का मनोबल बढ़ता है। यह स्तुति का पुरस्कार होता है।

धर्म और सम्प्रदाय व्यक्ति का निजी मामला है। किंतु व्यक्तियों पर आधारित राष्ट्रों में भी इस प्रकार के अहंकार का भाव होता है कि मेरी संहार शक्ति विश्व में सर्वोच्च है। मेरा राष्ट्र जनसंख्या की दृष्टि से सर्वोच्च है। मेरे राष्ट्र को सबसे अधिक ओलंपिक पदक मिले हैं। मेरे राष्ट्र ने अंतरिक्ष में सबसे पहले अपना आदमी भेजा है, इत्यादि।

हिमालय के एवरेस्ट शिखर पर पहली बार कदम रखने वाले हिलेरी तथा तेनज़िंग को इस पहल का गर्व होता है। विश्व के सबसे तेज धावक को दूसरे प्रकार का गर्व है, विश्व सुंदरी होने का गर्व तीसरे प्रकार का है। अनेक प्रकार के साहसिक अभियानों में प्रथम होने की कीर्ति पाने के लिए लोग मरणांतक संकटों से गुजरते हैं। यह कीर्ति अहंकार के किसी प्रकार को पुष्ट करती है।

प्रथम होने की यह कामना अन्य किन-किन रूपों में प्रकट हो सकती है, उसके लिए **'गिनेज बुक ऑफ वर्ल्ड रिकार्ड'** के पृष्ठ उलटिए, उसमें सर्वोच्च होने के विलक्षण कीर्तिमान मिलेंगे। यथा—

— एक बार में पंद्रह बच्चे पैदा करने वाली जननी

— सबसे लंबे नाखून वाला व्यक्ति

— नींद में ऊंची आवाज़ में खर्राटे लेने में सर्वोच्च

व्यक्ति

— विश्व में सबसे पतली कमर वाली महिला

— विषधर सांपों के मध्य अमुक दिनों तक रहने वाला व्यक्ति, इत्यादि।

अलग से पहचान बनाने के लिए इस प्रकार के विलक्षण कार्य व्यक्ति के अहंकार का तुष्ट करने के साथ संसार को रंग बिरंगा बनाते हैं।

अभिमान, गर्व, दर्प आदि शब्द अहंकार के अलग-अलग रूप हैं। सभी धर्म संप्रदायों में इन रूपों की निंदा हुई है। यह निंदा अहंकार के विध्वंसात्मक रूप लिए हैं। अहंकार के पक्ष में यह बात भी है कि विश्व में जितने बड़े और अच्छे कार्य हुए हैं, उनके पीछे अहंकार से पोषित कोई न कोई भाव होता है।

मैं कुछ ऐसे कार्य करूं जिससे मेरे मरने के बाद भी मुझे लोग याद रखें, इस चाह में व्यक्ति स्कूल, धर्मार्थ औषधालय, मंदिर, मस्जिद, धर्मशाला, चर्च, गुरुद्वारे बनाता है। जो धनी नहीं होते किंतु धन उगाहने की अपनी योग्यता से बड़े कार्य करते हैं। बनारस हिन्दू विश्वविद्यालय वाराणसी में महामना **मदन मोहन मालवीय** की प्रतिमा इस बात का प्रमाण है कि उन्होंने जनता के धन द्वारा यह विश्वविद्यालय स्थापित किया था। बिना सात्विक अहंकार के बड़े लोकोपयोगी कार्य नहीं हो सकते।

घमंड, दर्प, अभिमान आदि शब्द विध्वंसात्मक कार्यों द्वारा अपने-अपने अहंकार को तुष्ट करने वालों के लिए है। वे अपना अहंकार तृप्त करने के लिए अन्यों को तुच्छता का आभास कराते हैं। ऐसे विध्वंसकारी अहंकार मानव को **दानव** बनाते हैं। लोकहित की प्रेरणा देने वाले अहंकार मानव को **देवत्व** की श्रेणी में लाते हैं। उदाहरणतः

नादिरशाह का अहंकार विध्वंसकारी था, जो कत्लेआम करके अपनी अहं का पोषण करता था। कलिंग विजय तक किया गया **सम्राट अशोक** का काम उसे कुख्यात बनाने वाला था किंतु अपने अहंकार को पुष्ट करने के लिए उसने बौद्ध धर्म फैलाने के लिए जो कार्य किया, वह उसे यशस्वी बनाने वाला बना। अंतर केवल इतना हुआ कि कलिंग युद्ध से पहले का अहंकार पुष्ट करने का मार्ग विध्वंसात्मक था, उसके बाद का रचनात्मक था।

सारांश यह है कि अहंकार की सामान्य मात्रा व्यक्ति की अपनी अलग पहचाने बनाने के लिए आवश्यक होती है। अपने गर्व से दूसरों को तुच्छता का आभास दिलाने वाला अहंकार विरोध पैदा करने वाला होता है। उससे अंततः **घमंड का सिर नीचा** की कहावत सत्य सिद्ध होती है।

अंत में मैं अहंकार के एक अन्य विध्वंसात्मक रूप की चर्चा करना आवश्यक समझता हूँ। वह है **उच्च-वर्ण का अहंकार** जो जन्म के आधार पर निम्न वर्ण को दबाता है, उन्हें '**अछूत**' बनाता है।

उच्चता निम्नता का भेद, धन, पद, बल, कुल आदि के रूप में हर देश, हर धर्म, हर संप्रदाय में होता है, किंतु हिन्दू धर्म में धर्म के नाम पर जिस रूप में यह भेद रहा है, और अब तक है, उसे अधर्म कहना उचित है। जन्म के आधार पर पलने वाले इस दर्प से मुक्ति पाने के लिए वास्तविक धर्म रक्षकों को क्रियाशील होने की आवश्यकता है।

❐

पुराण चर्चा

एक जिज्ञासु ने दार्शनिक से पूछा कि इतिहास और उपन्यास में क्या अंतर है?

दार्शनिक ने उत्तर दिया, "इतिहास में पात्र वास्तविक होते हैं, घटनाएं काल्पनिक होती हैं। उपन्यास में घटनाएं वास्तविक होती हैं, पात्र काल्पनिक होते हैं।"

यदि प्रश्न इतिहास और पुराण (Mythology) के अंतर के विषय में होता तो संभवतः दार्शनिक का उत्तर यह होता, "इतिहास का अश्मीभूत रूप (Fossile) पुराण है।"

अश्मीभूत से तात्पर्य है जीव या पदार्थ की वह दशा जो लाखों वर्ष का मौसम झेलकर पत्थर के रूप में सुरक्षित हो जाती है।

इतिहास तीन चार हजार वर्ष का उपलब्ध है। इस इतिहास में इससे पूर्व के जिन पात्रों की चर्चा होती है या पूर्व के जिन पात्रों के खंडहर मिलते हैं, उनकी गतिविधियों का विवरण पुराण में मिलता है।

उदाहरणतः यदि मौर्य काल के कुछ पुरातत्त्व या पांडुलिपियां मिलती हैं और उनमें राम, शिव, दुर्गा आदि की मूर्तिया प्राप्त होती

हैं या उनका वर्णन मिलता है तो इससे स्पष्ट होता है कि वे देव देवियां इनसे पहले लोक मानस में रचे बसे थे या श्रद्धा पात्र थे।

पुराण कथाएं हर धर्म, हर संप्रदाय और हर देश में प्रचलित हैं किंतु हम यहाँ केवल हिंदुओं के पुराणों की चर्चा कर रहे हैं।

हिंदुओं की पूज्य पुस्तकों में वेद सर्वोच्च है। इसके बाद दर्शनों अर्थात् शास्त्रों का दर्जा है। पुराणों की बारी इसके उपरांत है।

धर्म परायण व्यक्ति वेद और शास्त्रों की आदर तो देते हैं किंतु उनमें से अधिकतर की रुचि पुराण कथाओं में होती है। यह इसलिए कि पुराणों में कथा तत्त्व होता है। इन कथाओं के पात्र मानवों जैसे गुण-दोषों से भरे प्रतीत होते हैं और इससे **पुराणों में वर्णित पात्रों से श्रोता या पाठक को अपनेपन का अहसास होता है।**

पुराणों की रचना का उद्देश्य वेद शास्त्रों तथा पुराने समय की विद्याओं के सार को रोचक कहानियों के माध्यम से सामान्य जनों के पहुँचाना है किंतु पुराणों को सतही तौर पर पढ़ने से वेद और पुराणों में विरोधाभास प्रतीत होता है।

जैसे कि वेद में इंद्र की स्तुति के मंत्र अन्य देवों की स्तुति से अधिक हैं, जबकि पुराणों में इंद्र को सत्ता लोलुप राजा के रूप में दर्शाया गया है जो अपने डोलते सिंहासन को बचाने के लिए छल कपट करता रहता है।

नारद, वशिष्ठ, विश्वामित्र आदि ऋषि वेद सूक्तों या मंत्रों के द्रष्टा रहे हैं किंतु पुराणों में नारद का चरित्र देव, दानवों, मनुष्यों में कलह उत्पन्न कराने वाले पात्र के रूप में प्रचलित है और विश्वामित्र और वशिष्ठ के आपसी झगड़े कई पीढ़ियों तक चलते हैं।

पुराणों के एक अन्य पात्र दुर्वासा हर समय क्रोध में भरे रहते हैं और छोटी-मोटी भूलों पर शाप देने के लिए तत्पर रहते हैं।

इसके अतिरिक्त अलग-अलग पुराणों में एक दूसरे का विरोध दिखाई देता है। जैसे शिव पुराण में शिव सर्वोच्च हैं, अन्य देवी देवता उनके सामने गौण हैं। विष्णु पुराण में विष्णु सर्वोच्च हैं, अन्य देवी देवता उनके कृपापात्र हैं।

पुराणों में आराध्य देवों का स्वरूप भी विचित्र है। **विष्णु की चार भुजाएं हैं। गणेश का सिर हाथी का और धड़ मानव का** और उनकी वृहद् काया का वाहन नन्हा सा चूहा। यह सब पढ़ सुनकर गैर-श्रद्धालु को तथा हिन्दू धर्म पर आक्षेप करने वालों को यह कहने का अवसर मिलता है कि पुराण कपोल कल्पित हैं। यदि ये कल्पित नहीं हैं तो इनसे प्रकट होता है कि हिंदुओं के देवी देवता, ऋषि मुनि भ्रष्ट हैं। पहले तो पाप कर्म करने के लिए प्रेरित करते हैं, फिर तीर्थ स्नान, जप, तप, प्रायश्चित से पाप मुक्ति के वादे करते हैं।

इस प्रकार के आक्षेप मैं पढ़ता सुनता रहा हूँ। फिर भी मुझे पुराणों की रचना का उद्देश्य लोकहितकारी लगता है।

मैं पुराणों में वर्णित घटनाओं को इतिहास नहीं मानता बल्कि

पुराणों को इतिहास के खंडहर मानता हूँ।

पुराणों में कथा तत्त्व है। कथा तत्त्व में कल्पना का मिश्रण होता है। यदि कथा का उद्देश्य लोकहित है तो कल्पना का मिश्रण भी कल्याणकारी है। उदाहरणतः

'**पंचतंत्र**' की कहानियां मुझे विस्मित करती रही हैं। इन कहानियों में पशु, पक्षी मनुष्यों की तरह संवाद करते हैं। छल कपट करते हैं। नीति वचन कहते हैं, जो कि असंभव हैं, फिर भी यह रचना एक उद्देश्य को पूरा करती है। वह उद्देश्य है - एक राजा के उद्दण्ड पुत्रों को राजनीति की शिक्षा देना। बच्चों को क्योंकि पशु पक्षियों की कहानियों में रुचि होती है, इसलिए पंचतंत्र के लेखक विष्णु शर्मा ने पशु पक्षियों को अपनी कहानियों का पात्र बनाया था।

कला और साहित्य जैसे सभी क्षेत्रों में हम देखते हैं कि शास्त्रीय विषयों में लोगों को रुचि कम होती है। जैसे शास्त्रीय संगीत की अपेक्षा फिल्मी गानों के रसिया अधिक हैं। गंभीर उपन्यास तथा लोकप्रिय उपन्यासों में तथा अमूर्त चित्रकला और कैलेंडर आर्ट में भी लोकप्रियता का अंतर देखा जा सकता है। ऐसा ही धार्मिक ग्रंथों में भी वर्गीकरण है, जिनमें लोकप्रिय विधा पुराण है।

पुराण उनके लिए लिखे गए जो शास्त्रों को उनके मूल रूप में ग्रहण करने में रुचि नहीं रखते। मूल ग्रंथों के निष्कर्षों को रोचक कहानियों में लपेट कर देने में वे इन निष्कर्षों को स्वीकार कर लेते हैं। पुराणों की रचना के उद्देश्य हैं :

1 - लोक हित की प्रेरणा

2 - युग की आवश्यकता के अनुसार विशेष देव या देवियों के प्रति श्रद्धा को दृढ़ करना।

3 - अपराध बोध से ग्रसित व्यक्तियों की मानसिक चिकित्सा

सम्यक् दृष्टि से देखा जाए तो पुराण इस उद्देश्य को पूरा करते है।

लौकिक जीवन में समाज विरोधी कार्यो को **अपराध** कहा जाता है। अपराधी को दंडित करने के लिए युग की आवश्यकता के अनुसार कानून बनाए जाते हैं। दंडित करने के लिए कानून में सज़ा की व्यवस्था है।

पुराणों में लोक विरोधी कार्यो को या अनैतिक कार्यों को **पाप** कहा जाता है। युग की आवश्यकता के अनुसार पापी को दंड दिया जाता है। वह दंड शारीरिक कम मानसिक अधिक होता है। जैसे कि शाप, निम्न योनि में जन्म, नरक वास आदि। उसका इलाज होता है जप, तप, दान, तीर्थ स्नान या अन्य कोई प्रायश्चित।

पुराणों में लोकहित या नैतिक कार्यो को **पुण्य** कहा गया है, जिसका फल उत्तम योनि, देव लोक में (स्वर्ग में) वास, मोक्ष, वरदान आदि होता है।

कोई भी राज्य व्यवस्था हर व्यक्ति के निकट पुलिस और

साक्षी नहीं खड़ा कर सकती और साक्षी को सच बोलने के लिए विवश नहीं कर सकती किंतु धार्मिक आस्थावान के लिए किसी बाहर की पुलिस की, बाहर के साक्षी की आवश्यकता नहीं होती। पुराण कथाएं व्यक्ति के भीतर **न्यायालय** स्थापित करती हैं। इस न्यायालय के सामने झूठ नहीं बोला जा सकता।

पुराण कथाएं बताती हैं कि देवी देवता, ऋषि मुनि भ्रष्ट हो सकते हैं किंतु अंत में अपने बुरे कर्मो का फल उन्हें अवश्य भोगना पड़ता है। चाहे शाप के रूप में मिले या अगले जन्म में अधम योनि के रूप में। इस दृष्टि से पुराण कथाएं समाज के बहुसंख्यक वर्ग को परमार्थ की प्रेरणा देती हैं।

अवसरवादी लोग पाप का भय दिखाकर या स्वर्ग का लोभ दिखाकर श्रद्धालुजनों की आस्था का शोषण कर सकते हैं। ऐसा जीवन के हर क्षेत्र में होता हैं। राजनेताओं द्वारा किए गए सभी वादे पूरे नहीं होते हैं। लोक हित के लिए उगाहे गए टैक्स का सदुपयोग नहीं होता। ऐसा दुरुपयोग धर्म के नाम पर भी होता रहता है किंतु **काठ की हंडिया** बार-बार नहीं चढ़ती है। जैसे ही एक संप्रदाय द्वारा धर्म के नाम पर शोषण होने लगता है तो नया संप्रदाय प्रवेश करके शोषक संप्रदाय को निकाल बाहर करता है। यदि बाद वाले संप्रदाय में बुराईयां आती हैं तो उसे भी किसी तीसरे द्वारा बाहर होना पड़ता है।

हिंदू धर्म में जितने संप्रदाय हैं, वे किसी पहले के संप्रदाय के

पूरक के रूप में या विरोध के लिए चलाए गए हैं और अनेक देवी देवताओं, अवतारों पर आधारित **अलग-अलग पुराण अलग-अलग युगों की आवश्यकता के अनुसार रचे गए हैं।**

शांति काल में देवी का **पार्वती रूप** सर्वप्रिय होता है। युद्ध काल में उसका **महिषासुर मर्दिनी का रूप** प्रचलित होता है। ऐसे ही कृष्ण का वंशीवादक, गोपिका प्रिय रूप और उसी का महाभारत काल में पार्थ सारथी रूप होता है।

शंकर का कल्याणकारी **शिव रूप** और उसका **ताडंव** कारी **रौद्र रूप** अलग-अलग युगों की मांग के अनुसार पुराणों में प्रकट होता है। युग की आवश्यकता के अनुसार पुराने देवी देवता तथा अवतारों के अनेक पक्षों को उभारा जाता है। हमारे निकट के इतिहास में गणपति पूजन इसका उदाहरण है।

इन दिनो प्रचलित **गणपति उत्सव** की पृष्ठभूमि यह है कि अग्रेजों के राज में जनता को राजनैतिक उद्देश्य से इकट्ठा होने का निषेध था किंतु धार्मिक उद्देश्य के लिए इकट्ठा होने के लिए निषेध नहीं था। उस समय के स्वतंत्रता आंदोलन के नायक **बाल गंगाधर तिलक** ने 'गणपति पूजन' के नाम पर लोगों को इकट्ठा होने का अवसर दिया। जिसमें वे स्वराज्य की बात भी करते थे। उस बीज का विशाल रूप आज के महाराष्ट्र में गणपति पूजा के रूप में हमारे सामने है किंतु उसका मूल उद्देश्य खो गया है।

महात्मा गांधी की प्रार्थना सभाएं भी इस उद्देश्य से आरंभ की गयी थीं किंतु स्वयं को धर्मनिरपेक्ष प्रकट करना उनकी राजनैतिक मजबूरी थी। इसलिए वह **'ईश्वर अल्लाह तेरे नाम,**

सबको सन्मति दे भगवान' का उच्चारण तो करा सके किंतु धर्म निरपेक्षता की मजबूरी के कारण वे किसी देवी देवता को सभा में स्थापित न करा सके, इसलिए उनकी प्रार्थना सभाएं विशाल रूप धारण न कर सकीं।

पुराणों में वर्णित पात्रों के विलक्षण रूपों पर विचार करें तो वे रूप अविश्वसनीय लगते हैं, जैसे शंख, चक्र, गदा, पद्मधारी चतुर्भुजी विष्णु। मूषकवाही गजानन गणेश आदि। लगता हैं कि वे रूप उस समय के प्रचलित प्रतीकों की ओर संकेत करते हैं।

जैसे आज **'रेड क्रास'** का चिह्न परोपकारी चिकित्सा सेवा का प्रतीक है और **लाल तिकोन** परिवार नियोजन का। इन प्रतीकों का यह अर्थ हम आज जानते हैं। हजारों साल बाद इन प्रतीकों का अर्थ आवश्यक नहीं कि यही लिया जाए। फिर भी अनुमान द्वारा कुछ पुराने प्रतीकों का अर्थ लगाने का मैं यत्न करता हूँ।

चतुर्भुजी विष्णु के एक हाथ में '**शंख**' का अर्थ हो सकता हैं 'युद्ध के लिए तैयार'। '**चक्र**' से तात्पर्य कोई वैज्ञानिक तकनीक, '**गदा**' बाहू बल का प्रतीक हो सकती हैं और '**पद्म**' ललित कला और सौंदर्य बोध का। इन सबका सम्मिलित अर्थ यह निकलता है कि विष्णु सभी प्रकार के मार्शल आट्र्स, विज्ञान तथा ललित कलाओं का समन्वित विकास चाहते हैं।

इसी प्रकार गणेश का विलक्षण रूप और उनके वाहन चूहे का, लक्ष्मी का वाहन उल्लू, **गंगाधर शिव** का कोई अर्थ अवश्य होता होगा।

पुराणों में नारद, वसिष्ठ, विश्वामित्र, दुर्वासा आदि ऋषि मुनियों का उल्लेख हुआ है। मुझे लगता है कि ये नाम व्यक्तियों के नहीं हैं, बल्कि 'पदों' के हैं।

आज के पद सूचक नामों का उदाहरण लेते हैं। धर्म सभाओं में मुख्य आसन को **'व्यास गद्दी'** या **'व्यास पीठ'** आज भी कहा जाता है, जबकि व्यास का नाम महाभारत में तथा उससे पहले अनेक प्रसंगों में आया है। आज भारत के राष्ट्रपति का पद सर्वोच्च है, प्रदेश में वैसा स्थान राज्यपाल का है। प्रदेश में मुख्यमंत्री व्यवस्था का मुखिया होता है और पूरे देश की व्यवस्था के मुखिया को हम प्रधान मंत्री कहते हैं। इन पदों पर अलग-अलग समयों में अलग-अलग व्यक्ति सुशोभित हुए हैं।

राष्ट्रपति पद पर कोई महिला भी आसीन हो सकती है, पुरुष भी हो सकता है। यदि कभी महिला इस पद पर बैठ जाए तो उसे राष्ट्रपत्नी नहीं कहेंगे, बल्कि राष्ट्रपति ही कहेंगे। हजारों वर्ष बाद के इतिहास में महिला के नाम के साथ 'राष्ट्रपति' विशेषण पढ़ कर उस समय के इतिहासकार तर्क-वितर्क के बाद यह निष्कर्ष निकाल सकते हैं कि अमुक राष्ट्रपति पुरुष था। यदि महिला होती तो उसके नाम के साथ 'पति' नहीं लगता इत्यादि...

मेरे अध्ययन मनन के निष्कर्ष के अनुसार किसी विशेष राजकुल को दिशा निर्देश देने वाले ब्रह्मवेत्ता '**वसिष्ठ**' पद पाते होंगे और वनों में स्थापित किसी विशेष शिक्षापीठ के अधिष्ठाता '**विश्वामित्र**' पद पाते होंगे। इन दोनों पदों पर बैठे ब्रह्मवेत्ताओं में वैचारिक मतभेद उठते होंगे जो पुराण कथाओं में झगड़ों के रूप

में वर्णित हुए हैं। पुराणों में उनके झगड़ों का अंतिम परिणाम दुर्गुणों पर सद्गुणों की विजय के रूप में देखा जा सकता है।

नारद पद पर आसीन ब्रह्मवेत्ता देवलोक और मनुष्यलोक के मध्य एक कड़ी का काम करते होंगे। पुराणों में वर्णित उनके कार्यों का उद्देश्य उस समय के विधान के अनुसार पापी का नाश और पुण्य की स्थापना करना होता होगा।

पुराण पुरुष **नारद** की यह सूक्ति प्रसिद्ध है कि **पाप का घड़ा भर कर फूटता है।** इस सूक्ति की सार्थकता आज देखनी हो तो इसी माह के समाचार पत्रों के शीर्षकों पर नजर डालें। स्कैंडलों और भ्रष्टाचार के केवल वे मामले सी. बी. आई, या न्यायालय तक पहुँचते हैं जो अति की सीमा को पार कर जाते हैं। उस सीमा का अतिक्रमण करने का निमित्त उनके अपने भीतर का कोई 'नारद' होता है जो पाप का घड़ा भरने की प्रतीक्षा करता रहता है।

दुर्वासा ऋषि के शाप पुराण कथाओं में काफी प्रचलित हैं। **'शाप' 'दंड' का पुराना नाम प्रतीत होता है** और दंडाधिकारियों की पदवी पाने वाले 'दुर्वासा' पद पाते होंगे। उनके 'शाप' नामक दंड का पालन कराना उस समय की राजकीय व्यवस्था का कर्त्तव्य रहा होगा।

आज की मुस्लिम शासन व्यवस्था में प्रचलित **'फ़तवा'** बहुत कुछ 'शाप' से मिलता जुलता है। **'मुफ़्ती'** पद पर नियुक्त

दंडाधिकारी धार्मिक मामलों में जो आदेश देते हैं, उस आदेश को 'फ़तवा' कहा जाता है। भारत में आज मुफ़्ती शब्द पद सूचक नहीं रहा, वंश सूचक हो गया हैं किंतु जहाँ इस्लामी शासन व्यवस्था अपने रूढ़ रूप में मौजूद है, वहाँ फ़तवा आज भी 'अध्यादेश' जैसा है।

बीसवीं सदी के अंतिम दशक में ईरान के आयतुल्ला खुमैनी का जो फ़तवा विश्व भर में गूंजा हैं, वह **सलमान रुश्दी** के खिलाफ मृत्यु दंड का फ़तवा है। रुश्दी का अपराध यह था कि उसने 'सैटेनिक वर्सिज' नामक उपन्यास में मुहम्मद साहब के लिए अपमानजनक शब्दों का प्रयोग किया था। उस फ़तवे से बचने के लिए 'रुश्दी' देश विदेश छुपता, भागता फिरता रहा है। आज की इस प्रकार की घटनाओं के प्रकाश में पुराण में वर्णित 'शाप' का कुछ कुछ अंदाज लगता है।

पुराणों में 'मृत्यु' के शाप के अतिरिक्त कुछ अन्य शापों का भी उल्लेख है। उदाहरणतः किसी को अजगर होने का या बंदर होने का शाप। इस प्रकार के शापों का तात्पर्य अब तक मेरी समझ में नहीं आया किंतु पुराणोंत्तर काल में 'शाप' को कहानी में रोचक मोड़ (Twist) लाने के लिए प्रयोग किया जाता रहा है। उदाहरणतः कालीदास के प्रसिद्ध नाटक **'अभिज्ञान शकुंतलम'** में रोचकता को शिखर तक पहुँचाने वाला तत्त्व शकुंतला को दुर्वासा द्वारा दिया गया 'शाप' है।

शकुंतला की मूल कथा 'महाभारत' से ली गयी है। उस कथा में दुर्वासा नाम का कोई पात्र नहीं है, ना ही राजा दुष्यंत को शकुंतला

से हुए प्रणय की याद दिलाने वाली कोई अंगूठी है। इससे प्रतीत होता है कि कालीदास के समय में पुराणों के पात्र अपनी किन्हीं विशेषताओं के कारण लोकप्रिय रहे होंगे और कहानी या नाटक में रोचकता बढ़ाने के लिए इन नामों का उपयोग किया जाता होगा।

उदाहरणतः बीसवी शताब्दी में रचे कहानियों और नाटकों पर हम नजर डालते हैं तो कुछ विशेष वर्गो को विशेष गुणों या दुर्गुणों से युक्त पाते हैं।

प्रेमचंद के उपन्यासों में खलनायक आमतौर पर ज़मींदार या जागीरदार है। भारत की स्वतंत्रता के तुरंत बाद खलनायक का स्थान पूंजीपति के लिए सुरक्षित हो गया था और बीसवीं सदी के अंतिम दो दशकों के अधिकतर नाटकों व कहानियों का खलनायक राजनेता और नौकरशाह है। इसी प्रकार पुराणोत्तर काल के साहित्यकारों के सामने भी रचना को रोचक बनाने के लिए पौराणिक पात्रों का उपयोग किया जाता होगा।

पुराण कथाओं में अलौकिक घटनाओं और चमत्कारों की भरमार है। इसका कारण उस समय के अलंकार, प्रतीक और भाषा की शैलियां हो सकती हैं।

आज हम किसी व्यक्ति के लिए कहते हैं, **'यह तो काला नाग हैं'** या 'इस आदमी का डसा पानी नहीं मांगता', या 'उसके काटे का मंतर नहीं', तो दूसरा समझ जाता है कि वह बहुत खतरनाक आदमी है।

यदि हम कहते है कि यह 'धन पर कुंडली मारे' बैठा है। इसमें बिना 'सांप' शब्द के प्रयोग के 'सांप' का यह भाव आया है कि यह धन की चौकसी करने वाला कंजूस आदमी है जो न तो धन को खर्च करता है, न करने देता है, इत्यादि।

फिल्म में किशोरी या युवती यदि कहती है कि **'मेरा इमली खाने का जी कर रहा है'** तो बाल, वृद्ध सभी समझ लेते हैं कि यह गर्भवती हो गयी है।

किसी को शीघ्र जाने के लिए कहना हो तो हम कहते है कि **'उड़ के जा'** तो तात्पर्य विमान द्वारा जाने से नहीं होता। यह एक मुहावरा है जिसका आज का अर्थ हरेक को ज्ञात है।

जिस प्रकार आज की बातचीत में प्रतीकों का, भाषा शैलियों का, अलंकारों का प्रयोग होता है और हम उनका तात्पर्य समझ जाते हैं। वैसे ही प्रतीकों, शैलियों, अलंकारों का प्रयोग पुराणों में भी हुआ हैं किंतु हम उनका वास्तविक तार्त्पय नहीं समझ पाते। उनका प्रकट अर्थ समझ कर उन वर्णनों को चमत्कारिक मानते हैं और **चमत्कार को नमस्कार होता है।**

कई प्रगतिशील लोग चमत्कार-कथाओं को अंधविश्वास को प्रेरित करने वाला माानते हैं। ऐसे ही एक प्रगतिशील व्यक्ति के साथ मुझे फिल्म देखने का अवसर मिला। फिल्म का दुबला पतला निहत्था नायक ऊँची बिल्डिग की सातवीं मंजिल से छलांग लगा कर धरती पर अवतरित हुआ। उसको चोट नहीं आयी। वह बलिष्ट खलनायकों की हथियार बंद टोली को मारता गिराता हुआ अपना वांछित फल पाने में सफल हुआ तो मेरे साथ बैठे उस प्रगतिशील

व्यक्ति ने ताली बजायी। यह ताली चमत्कार को नमस्कार की एक विधा थी।

धर्म के क्षेत्र में चमत्कार आस्था को दृढ़ करता है। आस्था मानसिक संतुलन के लिए आवश्यक होती है। जिस प्रकार जहाज़ का लंगर जहाज़ को स्थिर रखता है, धरती की आकर्षण शक्ति हमारे तन को छिटकने से बचाए रखती है, उसी प्रकार धार्मिक आस्था हमारे मन को संतुलित रखती है। पुराण कथाएं आस्था को दृढ़ रखने में सहायक होती है।

❐